中学生数学竞赛
试 题 系 列

ARML-NYSML CONTESTS 1989—1994

全美高中数学竞赛

纽约州数学竞赛

(1989—1994)

[美]劳伦斯·齐默尔曼(Lawrence Zimmerman)
[美]吉尔伯特·凯斯勒(Gilbert Kessler)
主编
向 禹 译

哈爾濱工業大學出版社
HARBIN INSTITUTE OF TECHNOLOGY PRESS

黑版贸登字 08-2021-024 号

内容简介

本书收录了 1989—1994 年美国地区数学联赛试题及解答,还收录了 1989—1992 年纽约数学联赛试题及解答,针对其中一些试题给出了多种解法,具有一题多解、解法多样的特点,且注重了初等数学与高等数学的联系,更有出自数学名家之手的推广与加强.本书可归结出四个特点,即收集全、解法多、观点高、结论强,能够使感兴趣的读者在读本书的过程中发散思维,更好地理解题目,同时更好地掌握相应的知识点.

本书适合于参加数学竞赛的学生备考使用,也可供高中教师及数学爱好者参考阅读.

图书在版编目(CIP)数据

全美高中数学竞赛.纽约州数学竞赛 1989—1994/
(美)劳伦斯·齐默尔曼(Lawrence Zimmerman),(美)
吉尔伯特·凯斯勒(Gilbert Kessler)主编;向禹译
.—哈尔滨:哈尔滨工业大学出版社,2024.8
书名原文:ARML-NYSML CONTESTS 1989—1994
ISBN 978-7-5767-1461-6

Ⅰ.①全… Ⅱ.①劳… ②吉… ③向… Ⅲ.①中学数学课-高中-教学参考资料 Ⅳ.①G634.603

中国国家版本馆 CIP 数据核字(2024)第 111958 号

QUANMEI GAOZHONG SHUXUE JINGSAI. NIUYUEZHOU SHUXUE JINGSAI 1989—1994

策划编辑 刘培杰 张永芹
责任编辑 聂兆慈
封面设计 孙茵艾
出版发行 哈尔滨工业大学出版社
社　　址 哈尔滨市南岗区复华四道街 10 号　邮编 150006
传　　真 0451-86414749
网　　址 http://hitpress.hit.edu.cn
印　　刷 哈尔滨圣铂印刷有限公司
开　　本 787 mm×1 092 mm　1/16　印张 9.5　字数 137 千字
版　　次 2024 年 8 月第 1 版　2024 年 8 月第 1 次印刷
书　　号 ISBN 978-7-5767-1461-6
定　　价 48.00 元

目录

第 1 部分

美国地区数学联赛

1.1 1989 年美国地区数学联赛

1.1.1 能力题——毕达哥拉斯多边形

如果一个凸 n 边形的边长均为整数，且其顶点共圆，它的最长边是其外接圆的一条直径，那么称此 n 边形为毕达哥拉斯多边形. 我们将此 n 边形记为 Pn 或 $Pn:(a,b,\cdots)$，其中 $a,b,\cdots$ 是它的各边长，我们总是用字母 d 表示它的最长边的长度.（例如 $P3$ 是一个毕达哥拉斯三角形，有一个内角是直角.）

1. 有一个定理指出：如果素数 d 是一个毕达哥拉斯三角形的斜边长，那么 d^2 是两个毕达哥拉斯三角形的斜边长，d^3 是三个毕达哥拉斯三角形的斜边长，依此类推.

   (1) 当 $d=25$ 时，求出两个 $P3$.

   (2) 当 $d=125$ 时，求出三个 $P3$.

2. 托勒密定理指出：一个凸四边形共圆的充要条件是它的对角线的乘积等于两组对边的乘积之和.

   (1) 如图 1.1.1，$P3:(3,4,5)$ 经过反射可以得到一个四边形 $EFGH$（这不是一个 $P4$，因为 FG 的长度不是整数）. 将此四边形的每条边长乘以 5，就得到了 $P4$，求出此 $P4$ 的边长.

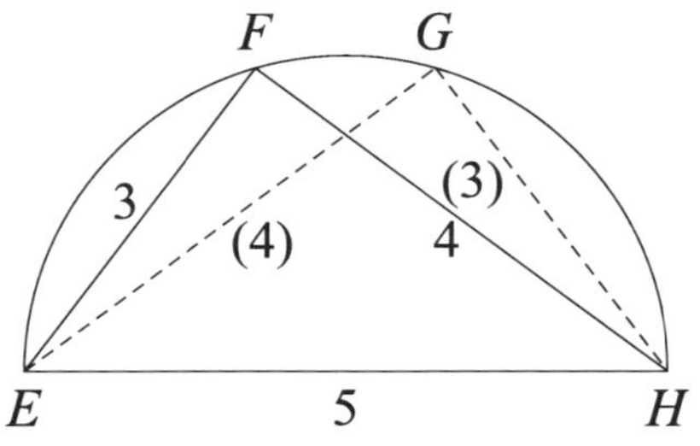

图 1.1.1

(2) 求出一个 $P4$,它有两条相等的边长,$d=25$,且不同于 (1) 中的答案.（注：两个 $P4$ 的边长相同,但是边的顺序不同,也认为是不同的四边形.）

(3) 证明：对任意整数 $n \geqslant 3$, $P3$ 一定是存在的.（考虑如何构造出一个这样的 Pn.）

3. (1) 设有 $P3:(a,b,d)$, $d^2=a^2+b^2$. 证明：对 $P4:(a,b,c,d)$, 有 $d^2>a^2+b^2+c^2$.

(2) 给定 $P4:(a,b,c,d)$,证明：如果 $d>2$,那么 d 一定是合数.

(3) 如果 Pn 的所有对角线长都是整数,我们就称它为超级毕达哥拉斯多边形,记为 $\overline{P}n$.

① 证明：任意 $\overline{P}4$ 的面积都是整数.（提示：一种方法是先证明 $\overline{P}4$ 的面积一定是有理数,且其周长是偶数.）

② 假定每个 $\overline{P}3$ 和 $\overline{P}4$ 的面积都是整数,对于所有整数 $n>4$ 证明：每个 $\overline{P}n$ 的面积必为整数.（即使 ① 没有完成也可以做这一部分.）

1.1.2 团队题

1. 一个四位数是三个连续正奇数的平方和，且它的四个数字都是相同的,求出此四位数.

2. 求出从 1 到 500 000 中被 7 整除的完全立方数的个数.

3. 设素数 p 和 q 的乘积比一个完全平方数小 1,且 $p>100$,求出一定整除 $p+q$ 的最大整数.

4. 在 $\triangle ABC$ 中，角平分线 AD 和 BE 交于点 P. 如果 $a=3, b=5, c=7, BP=x, PE=y$，其中 x, y 是两个互素的整数，计算比值 $x:y$.

5. 约翰投掷一枚均匀的 6 面骰子，如果点数大于 3，那么他获胜. 否则他再次投掷，如果点数大于 4，那么他获胜. 否则他再次投掷，点数必须大于 5，他才能获胜. 计算约翰获胜的概率.

6. 如图 1.1.2，三个圆圈在一条直线上，共有 5 条这样的直线. 将整数 1 到 7 分别放在这 7 个圆圈里，使得每一条直线上的三个数的和是相等的（这有很多种方法），问哪一个数不能放在左下角的圆圈里？

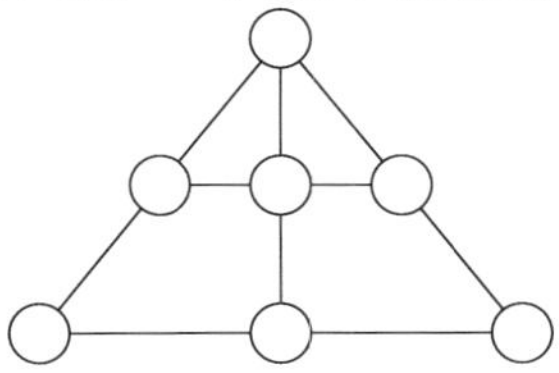

图 1.1.2

7. 曲线 $y=x^2$ 的两条过第二象限内的点 (r,s) 的切线构成的角被过点 (r,s) 的斜率为 1 的直线平分，求 s.（注：曲线 $y=x^2$ 在点 (a,a^2) 处的切线斜率为 $2a$.）

8. 求原点到过点 $(3,4), (6,8), (5,13)$ 的圆的切线长.

9. 如图 1.1.3 是一个半圆，点 O 是直径 AC 的中点，且 $AB=8, BC=6$，我们通过尺规作图进行以下构造：

(1) 画弧 $\overset{\frown}{\underline{B}C}$，交 AO 于点 D.

(2) 画弧 $\overset{\frown}{\underline{D}C}$ 和 $\overset{\frown}{\underline{C}D}$，这两段弧交于点 E.

(3) 画直线 BE，交半圆于点 F.

(4) 画弧 $\overset{\frown}{\underline{A}O}$，交半圆于点 G.

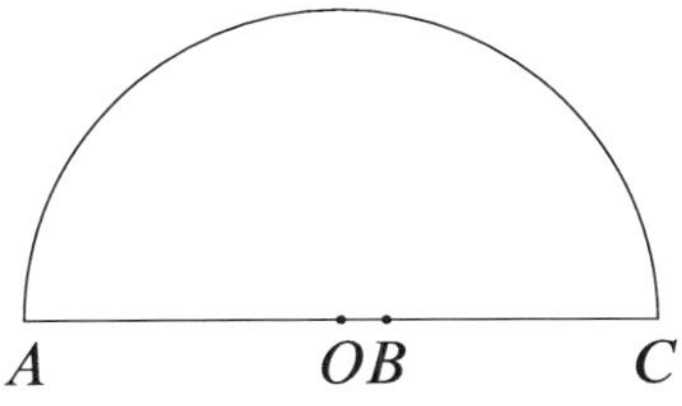

图 1.1.3

如果 $FG=\sqrt{k}$，求出整数 k.（注：画弧 $\widehat{\underline{X}Y}$ 的意思是以点 X 为圆心，XY 为半径画弧.）

10. 如图 1.1.4，两圆外切于点 P，线段 CPD 平行于公切线 AB. 如果两圆的半径分别为 2 和 18，求线段 AB 和 CD 的两个中点间的距离.

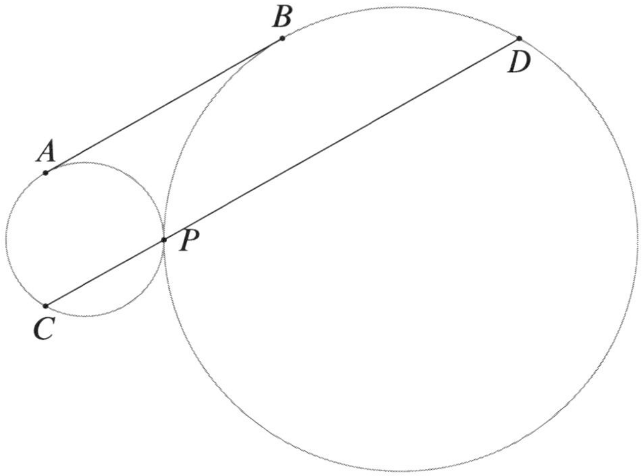

图 1.1.4

1.1.3 个人题

1. 如果 x 是正整数，且 $x(x+1)(x+2)(x+3)+1=379^2$，求 x.

2. 如图 1.1.5，作四边形 $ABCD$ 的四个角平分线，它们构成了一个四边形 $EFGH$，且 $\angle E+\angle F=193°$. 如果 $\angle A>\angle C$，求 $\angle A-\angle C$ 的值.（更确切一点，$\angle E$ 指的是 $\angle HEF$，$\angle F$ 指的是 $\angle EFG$，$\angle A$ 指的是 $\angle DAB$，$\angle C$ 指的是 $\angle BCD$.）

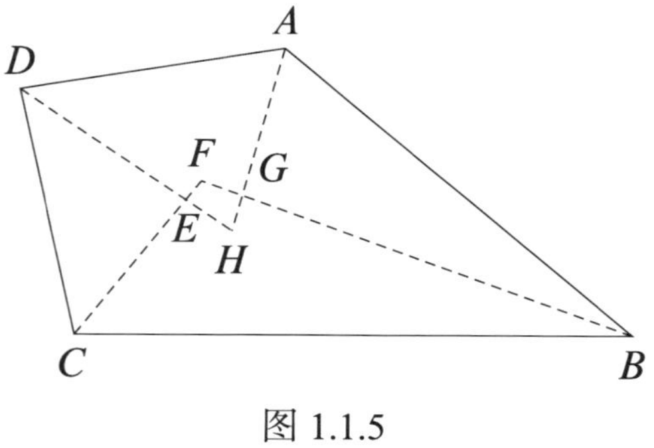

图 1.1.5

3. 设 $P(x)$ 是 x 的一个多项式,且 $x^{23}+23x^{17}-18x^{16}-24x^{15}+108x^{14}=(x^4-3x^2-2x+9)\cdot P(x)$ 对任意 x 都成立,求 $P(x)$ 的系数之和.

4. 如果一个矩形的面积是其外接圆面积的一半,求此矩形的两条对角线之间所成锐角最接近的角度值.（我们接受任意与正确答案误差不超过 4° 的整数答案. 提示:不准使用计算器.）

5. 如果我们将一个帕斯卡三角形（如图 1.1.6）的每一行按顺序写出来,我们得到一个数列 $1,1,1,1,2,1,1,3,3,1,1,4,6,4,1,1,5,10,10,\cdots$. 如果此数列前 212 项的和为 2^k+k,求整数 k.

$$\begin{array}{ccccccccc} & & & & 1 & & & & \\ & & & 1 & & 1 & & & \\ & & 1 & & 2 & & 1 & & \\ & 1 & & 3 & & 3 & & 1 & \\ 1 & & 4 & & 6 & & 4 & & 1 \\ & & & & \cdots & & & & \end{array}$$

图 1.1.6

6. 设 $[x]$ 表示不超过 x 的最大整数,求大于 9 的最小整数 x,使得

$$[x]-19\cdot\left[\frac{x}{19}\right]=9=[x]-89\cdot\left[\frac{x}{89}\right]$$

7. 将从 0 到 7 的整数写成二进制 $[0,1,10,11,100,101,110,111]$,我们总共要写 12 个 1. 如果将 0 到 1 023 写成二进制,总共要写多少个 1?

8. 一个凸六边形内接于一个圆,如果它的边长按顺序为 $2,2,7,7,11,11$,求其外接圆的直径.

1.1.4　接力题 1

1. 设 n 是你即将要传递的数. 请传递数值 $6\sqrt{n}-9$.

2. 设 T 表示你接收的数字,令 $k=T-4$,求主对角线（过中心的对角线）为 $k\sqrt{3}$ 的立方体的体积.

3. 设 T 表示你接收的数字,令 $k=\dfrac{T}{25}-3$. 对正整数 a,b,c,我们定义 $a\equiv b(\bmod c)$,当且仅当 c 为 $a+b$ 的一个因子. 求最小的正整数 $x>1$,使得 $kx^3+5\equiv 17(\bmod 3)$.

1.1.5 接力题 2

1. 年份 1 989 = $9 \cdot 13 \cdot 17$,在接下来的年份中,找到一个可以写成等差数列中三个正整数乘积的年份,且三个整数的和为 57.
2. 设 T 表示你接收的数字,令 $n = \dfrac{T+5}{1\,000}$,求正数 x,使得 $x^{\log_{19} 89} = 89^n$.
3. 设 k 表示你接收的数字. 如图 1.1.7,n 个相切的全等半圆刚好填充了大半圆的直径,如果阴影区域（也就是大半圆内,小半圆外的区域）是小半圆区域总面积的 k 倍,求 n.

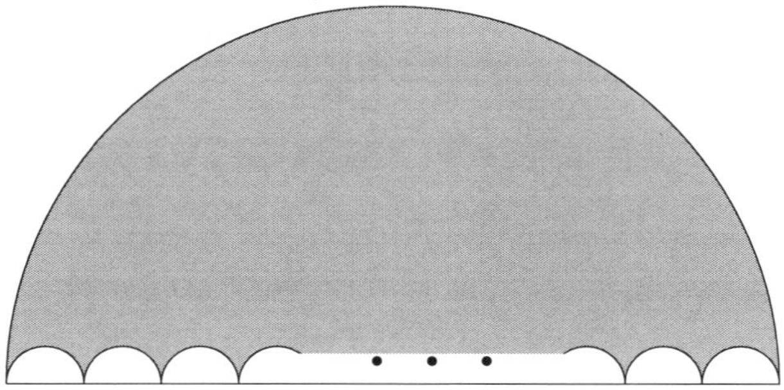

图 1.1.7

1.2 1990 年美国地区数学联赛

1.2.1 能力题——丢番图方程

在下面的方程中,所有的字母都表示正整数,且 $a > b$.

我们来研究表达式 a^3+b^3,其中 $a > b$. 一个熟知的结果是 $a^3+b^3 = c^3$ 是没有正整数解的. 下述 1 题和 2 题的方程中,或者证明方程无解,或者说明怎么构造方程的无穷多解.

1. (1) $a^3 + b^3 = c^2$.

   (2) $a^3 + b^3 = c \cdot d \cdot e$,其中 c, d, e 构成等比数列.

   (3) $a^3 + b^3 = c \cdot d \cdot e$,其中 c, d, e 构成等差数列.

   (4) $a^3 + b^3 = 3p$,其中 p 是大于 3 的素数.

2. (1) $a^3 + b^3 = 2^c$.

   (2) $a^3 + b^3 = 3^c$.

(3) $a^3+b^3=p^c$,其中 p 是大于 3 的素数.

3. 假定 $a^3+b^3=c!$ 有解,且 c 不小于 12:

(1) 证明:小于 c 的最大素数不整除 a.

(2) 证明:$a+b$ 是 330 的一个倍数.

1.2.2　团队题

1. 如图 1.2.1 所示的加法算式,每个字母表示一个不同的数字,求此和的最大可能值与最大可能的奇数值的差.

$$\begin{array}{r} AB \\ CD \\ EF \\ GH \\ +\quad IJ \\ \hline \end{array}$$

图 1.2.1

2. 空间中一个立方体的三个顶点的坐标为 $A(2,3,0)$, $B(0,5,4)$, $C(4,1,8)$,求此立方体的中心的坐标.

3. 把分数 $\frac{1}{97}$ 展开为十进制小数,它有一个循环节,从小数点开始,有 96 位数,如果此循环节的最后三位数是 $A67$,求数字 A.

4. 一名士兵在一条 $\frac{1}{8}$ 英里(1 英里 = 1.609 344 千米)长的队伍的末尾,此队伍以 2 英里的时速前进. 在某一时刻他开始跑向队首,当他碰到最前面的人的时候,他就反向跑回队尾. 如果他跑步的时速为 4 英里,转向时无时间损耗,求他跑过的总距离(单位:英里).

5. 一个顶部开口的长方体盒子,可以通过在一个长方形纸板的四个角剪去四个相同的正方形,然后将四边折起来而得到. 如果四个角剪去边长为 1 的正方形或边长为 2 的正方形所得的长方体的体积相等,求当四个角剪去边长为 3 的正方形后所得长方体的体积.

6. 求 100 000 到 1 000 000 之间的数字互异、从左往右依次递增的整数的个数.

7. 求出所有的整数 n, $90 \leqslant n \leqslant 100$，使得不能写成 $n = a + b + ab$ 的形式，其中 a, b 都是正整数.

8. 四边形 $ABCD$ 中，$AB = 2\sqrt{6}$, $BC = 7 - 2\sqrt{3}$, $CD = 5$, $\angle B = 135^\circ$, $\angle C = 120^\circ$，求 AD.

9. 一个严格单调递增的正整数数列包含两项 305 和 1 990，如果从第二项以后的每一项都等于它前面两项的和，求此数列首项的最小可能值.

10. 如果

$$\tan(120^\circ - x) = \frac{\sin 120^\circ - \sin x}{\cos 120^\circ - \cos x}$$

其中 $0^\circ < x < 180^\circ$，求 x.

1.2.3 个人题

1. 求

$$\frac{1\,990^3 - 1\,000^3 - 990^3}{1\,990 \cdot 1\,000 \cdot 990}$$

2. 公式 $F = \frac{9}{5}C + 32$ 可以将摄氏度（C）转换为华氏度（F）. 一名学生忘记了正确的公式，而使用了公式 $F = 2C + 30$，这个公式导致 F 的结果与其正确值之间的误差不超过 1 当且仅当 $a \leqslant C \leqslant b$，求有序数对 (a, b).

3. 如果 $a + b = c, b + c = d, c + d = a$，且 b 是一个正整数，求 $a + b + c + d$ 的最大可能值.

4. 字母 A, B, C 代表不同的数字，A 是一个素数，且 $A - B = 4$. 如果 $AAABBBC$ 是一个素数，求有序三元组 (A, B, C).

5. 求整数 k, $k > 2$，使得

$$\lg(k-2)! + \lg(k-1)! + 2 = 2\lg k!$$

6. 求使得函数 $f(x) = \sin\frac{x}{3} + \sin\frac{x}{11}$ 取到其最大值时 x 的度数的最小正值.

7. 如果 x, y 都是实数,求最大的 x,使得 $x^2 + y^2 = x + y$ 有解.

8. 边长为连续整数且具有整数面积值的最小三角形的三边长是 3, 4, 5,下一个这样的较大一点的三角形边长是 13, 14, 15, 求再下一个这样更大的三角形,且给定中间边长的值是 4 的倍数.

1.2.4　接力题 1

1. 一个等腰三角形的两边长分别是 22 和 61,求此三角形的面积.

2. 设 T 表示你接收的数字,令 $K = T + 1$. 如果 a, b, c 都是正整数,每个数都不超过 K,如果 $P * Q$ 表示 $\dfrac{P+Q}{2}$,求表达式 $a*(b*c)-(a*b)*c$ 的最大可能值.

3. 设 T 表示你接收的数字,$[x]$ 表示不超过 x 的最大整数,求 n 的值,其中 $1 < n < T$,使得 $\left[\dfrac{n}{2}\right] + \left[\dfrac{n}{3}\right] = \dfrac{n}{2} + \dfrac{n}{3}$.

1.2.5　接力题 2

1. 一个长方体盒子的每条边长都是大于 1 的整数,有两个相邻面的面积之和为 25,求与这两个面都相邻的面的面积.

2. 设 T 表示你接收的数字,令 $K = 12T - 5$.（注:书写一个很大的数,例如 12 345 678 901 的“一般方式”是从右往左数,每三位数要有一个空格.）有一个数是在 31 416 后面接 K 个 0,如果将这个数以一般方式进行书写,求所需要的空格数.

3. 设 k 表示你接收的数字, 如图 1.2.2, $\triangle ABC$ 是等边三角形, 边长为 20, $PQ /\!/ BC$, $QR /\!/ AB$, $RS /\!/ CA$. 如果 $PQ + QR + RS = k$,求 PS.

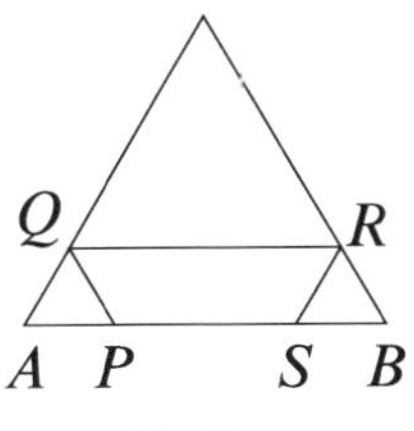

图 1.2.2

1.3　1991 年美国地区数学联赛

1.3.1　能力题——“好的”角度与多边形

定义 1　如果 $\sin A$ 和 $\cos A$ 都是有理数，那么我们称 $\angle A$ 是“好的”.

定义 2　如果一个凸多边形的所有内角都是“好的”，那么我们称此多边形是“好的”.

1. 证明以下结论：

(1) 如果 $\angle A$ 是“好的”，那么它的补角也是好的.

(2) 如果 $\angle A$ 是“好的”，那么 $\frac{1}{2}\angle A$ 不一定是“好的”，但是 $2\angle A$ 一定是“好的”.

(3) “好的”角度的集合在加法下保持封闭性.

(4) 每一个“好的”锐角都是某个毕达哥拉斯三角形的内角（注：毕达哥拉斯三角形是一个边长为整数的直角三角形.）.

(5) 如果 $\angle A$ 是一个“好的”锐角，且 $\cos A = \frac{b}{c}$，其中 b 和 c 是互素的正整数，那么 c 是奇数.

(6) 不存在正的最小的“好的”角.

2. (1) 证明：如果一个三角形的边长都是有理数，且其中一个角是“好的”，那么其他的角也是“好的”（确认满足定义中的两个部分.）.

(2) 求出一个“好的”锐角三角形的边长，其边长都是整数，且周长小于 20（确认这一三角形既是“好的”又是锐角三角形.）.

(3) 证明：如果一个“好的”三角形的边长都是整数，那么它的面积是偶数（提示：一种方法是首先证明它的周长是偶数.）.

3. 一个凸四边形具有以下性质：

(1) 其边长都是整数，且边长的乘积是一个完全平方数.

(2) 它既可以内接于一个圆，也可以外切于另一个圆.

证明此四边形是好的.

1.3.2 团队题

1. 假如你有 121 个弹珠，其中有红色的、白色的和蓝色的. 你还有 10 个罐子，如果所有的弹珠都放入这些罐子，那么其中必然有一个罐子至少有 n 个弹珠的颜色是相同的，求 n 的最大可能值.

2. 一个回文数是指将这个数倒过来读的时候不变，例如：67 276. 如果两个四位的回文数之和是一个五位的回文数 N，求 N 的最大可能值.

3. 求正整数 $n > 100$ 的最小可能值，使得 $\binom{n}{101}$ 能被 $\binom{n}{100}$ 整除，但二者不相等.

4. 如果 $(x^2 + x + 1)(x^6 + x^3 + 1) = \dfrac{10}{x-1}$，求实数 x 的值.

5. 求满足方程 $\left||x^2 - 1| - 1\right| = 2^x$ 的实数 x 的个数.

6. 一个三角形的一个角是另一个角的两倍，它们所对的边分别是 15 和 9，求此三角形的第三边的长.

7. 如图 1.3.1 所示的半圆中，直径 $P_0P_1 = 2$，$\angle P_0P_1P_2 = 1^\circ$，$\angle P_1P_2P_3 = 2^\circ$，$\angle P_2P_3P_4 = 3^\circ, \cdots, \angle P_{k-1}P_kP_{k+1} = k^\circ$，如果 $\overline{P_kP_{k+1}}$ 是第一条长度小于 1 的弦，求 k.

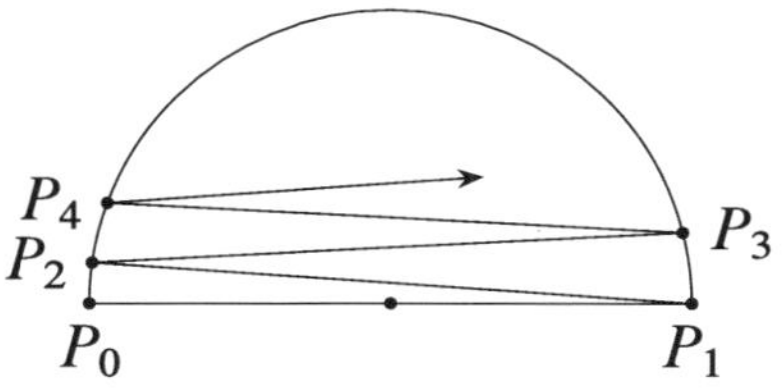

图 1.3.1

8. 设 $x_n + \mathrm{i}y_n = (1 + \mathrm{i}\sqrt{3})^n$，其中 x_n 和 y_n 都是实数，且 n 是正整数. 如果 $x_{19}y_{91} + x_{91}y_{19} = 2^k\sqrt{3}$，求 k.

9. 一个等腰梯形的两底的长度为 18 和 30，其高为 8. 以梯形的两腰为直径向外作两个半圆，如果这两个半圆弧的中点分别为 P 和 Q，求 PQ.

10. 求最小的正整数，如果完全平方数大于素数，那么其不能写成一个完全平方数与一个素数的差.

1.3.3 个人题

1. 考虑关于 26 个变量的 25 个方程

$$\begin{aligned} A+B \quad\quad\quad\quad &= 1\\ B+C \quad\quad\quad &= 2\\ C+D \quad\quad &= 3\\ \cdots \quad\quad &\\ X+Y \quad &= 24\\ Y+Z &= 25 \end{aligned}$$

求 $A+Z$.

2. 设 $\left(1-\frac{1}{3^2}\right)\left(1-\frac{1}{4^2}\right)\left(1-\frac{1}{5^2}\right)\cdots\left(1-\frac{1}{1\,991^2}\right)=\frac{x}{1\,991}$,求整数 x.

3. Rt$\triangle ABC$ 的面积为 4,斜边 $AB=12$,求 $\sin 2A$.

4. 在直线 $y=6$ 上求出五个点的横坐标,使得每个点都与点 $(-5,0)$ 和 $(5,0)$ 构成等腰三角形.

5. $[x]$ 表示不超过 x 的最大整数,求 $\left[\frac{3^{31}+2^{31}}{3^{29}+2^{29}}\right]$.

6. 求在 $y=|x-1|+|x-3|$ 的图像上方,在 $y=8$ 的图像下方区域的面积.

7. 如图 1.3.2,Rt$\triangle ABC$（斜边为 AB）内嵌于等边 $\triangle PQR$,如果 $PC=3$, $BP=CQ=2$,求 AQ.

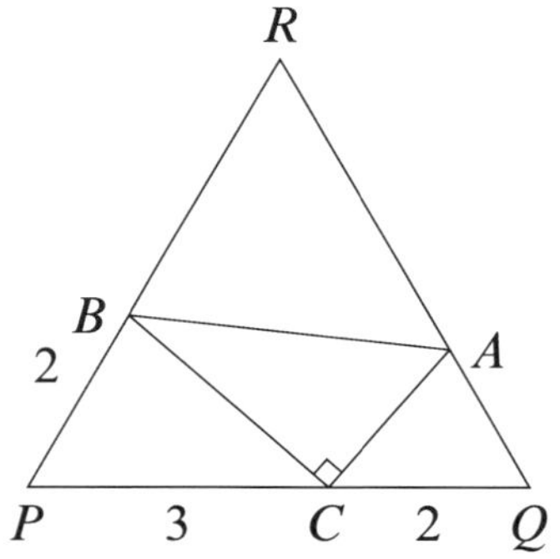

图 1.3.2

8. $85^9-21^9+6^9$ 能被 2 000 和 3 000 之间的某个整数整除,求出此整数.

1.3.4　接力题 1

1. 求最小的正的三位数,它能被 7 整除,且其各位数的和也能被 7 整除.
2. 设 T 表示你接收的数,令 $B = T - 130$,求 $B^{\lg 4} \cdot B^{\lg 25}$.
3. 设 T 表示你接收的数,对于面积为 T 的直角三角形,求其斜边的最小可能值.

1.3.5　接力题 2

1. 方程 $ax^2 + bx + c = 0$ 的根为 6 和 p,方程 $cx^2 + bx + a = 0$ 的根为 q 和 r,求 pqr.
2. 设 T 表示你接收的数,令 $L = 36T$. 如图 1.3.3,AEB 和 CDE 是两个圆的公切线,如果 $AB = L$, $AE = 2EB$,求 CD.

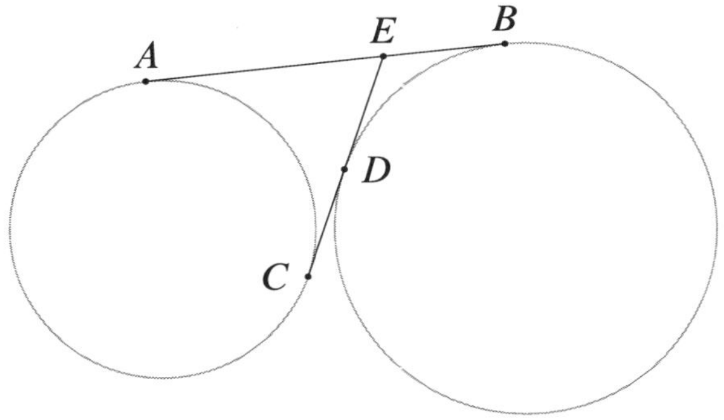

图 1.3.3

3. 设 Q 表示你接收的数. 如果坐标平面上的点的坐标都是整数,我们称这样的点为格点. 圆 $(x-1)^2 + (y-2)^2 = 31$ 不经过任何格点,在第 Q 象限中求一个格点 P,P 在圆外,且 P 到圆的距离最近.

1.4　1992 年美国地区数学联赛

1.4.1　能力题——抛物线上的格点

在这类能力题中,点 $A(a, a^2)$, $B(b, b^2)$, $C(c, c^2)$ 和 $D(d, d^2)$ 表示抛物线 $y = x^2$ 上的不同格点.

1. 设 $\triangle ABC$ 的面积为 K,可以证明

$$K=\frac{1}{2}|(a-b)(b-c)(c-a)|$$

(1) 证明:K 必为整数.

(2) 证明:如果 K 为素数,那么 $K=3$.

(3) 证明:K 不可能是一个素数的平方.

(4) 证明:四边形 $ABCD$ 的面积不可能为 8.

2. 可以证明直线 AB 的斜率为 $a+b$.

(1) 一条直线过点 $(3,5)$ 和抛物线 $y=x^2$ 上的两个格点,求这两个点所有可能的坐标.

(2) 一条直线过点 $(2,4)$ 和双抛物线 $y^2=x^4$ 上的三个格点,求这三个点所有可能的坐标.

3. 考虑四边形 $ABCD$.

(1) 设四边形的边沿逆时针方向按字母表进行标注,证明

$$\tan A=\frac{d-b}{1+(a+b)(a+d)}$$

(2) 四边形共圆是指它的四个顶点都在同一个圆上. 证明: 四边形 $ABCD$ 共圆的充分必要条件是 $a+b+c+d=0$.

(3) 利用前面的结论证明:如果一个圆与曲线 $y=x^2$ 交于四个点,且其中三个点是格点,那么第四个点必然也是格点.

1.4.2 团队题

1. 考虑由数字 1,2,3,4,5 的置换构成的五位数的集合, 共有 120 个数, 求这些数的和.

2. 方程为 $x^2+y^2-4x+2y-11=0$ 和 $x^2+y^2-14x+12y+60=0$ 的圆交于点 A 和 B,求直线 AB 的斜率.

3. 一个整数边长的等腰梯形的上底为 3,从这个底的两个端点作两条高,将等腰梯形分成了面积相等的三个部分,求此梯形周长的最小可能值.

4. 求正整数 k 的值,使得下面的结论成立:对任意使得方程 $ax^2+bx+c=0$ 的根为有理数的正整数 a,b,c,方程 $4ax^2+12bx+kc=0$ 的根也是有理数.

5. $[x]$ 表示不超过 x 的最大整数. 如果 $\sin x°+\cos x°=\tan x°, 0<x<135$,求 $\left[\frac{x}{10}\right]$.

6. 点 P, Q, R 是 $\triangle ABC$ 的三条中线的中点,如果 $\triangle ABC$ 的面积为 1 024,求 $\triangle PQR$ 的面积.

7. 计算 $\sqrt{111\,111\,111\,111\cdot 1\,000\,000\,000\,005+1}$.

8. 设 z 和 $z+1$ 是 1 的 n 次单位复根,如果 n 是 5 的倍数,求 $n+z^3$ 的最小可能值.

9. 如图 1.4.1,线段 AB 是半圆的直径,点 O 是 AB 的中点,$\odot P$ 与 AB 在点 O 处相切,且与半圆也相切;$\odot Q$ 与 AB、半圆和 $\odot P$ 都相切. 如果 $OB=1$,求 $\odot Q$ 的半径.

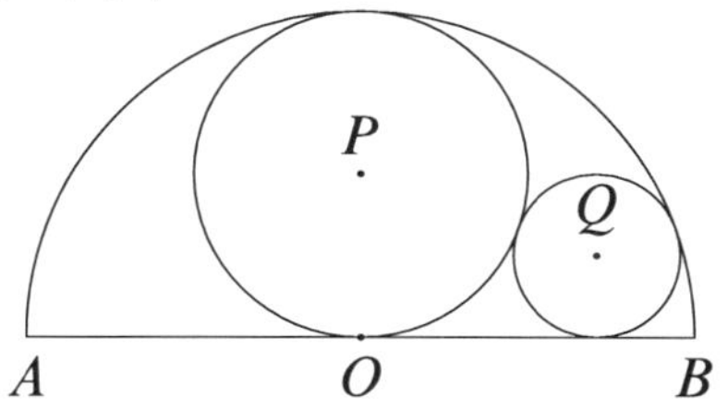

图 1.4.1

10. 在空间直角坐标系 $O-xyz$ 中,点 P 在 xOy 平面的直线 $y=-x+1$ 上,点 Q 在 xOz 平面的直线 $z=-2x+1$ 上,求 PQ 的最小可能值.

1.4.3　个人题

1. 我 21 年前的年龄与 21 年后的年龄的乘积是一个素数的立方,求我现在的年龄.

2. 一个四边形的边长依次为 2, 6, 9 和 x. 如果这个四边形的对角线是互相垂直的，求 x.

3. 如果一个三位正整数 $n = \overline{ABC} = \overline{AB} + \overline{BA} + \overline{AC} + \overline{CA} + \overline{BC} + \overline{CB}$，求 n 的最大可能值.

4. 考虑序列 $1, 2, 2, 3, 3, 3, 4, 4, 4, 4, \cdots$，其中整数 n 出现 n 次，求这个序列的第 1 992 项.

5. 对正整数 n，L_n 表示曲线 $|x| + |y| = n$ 上的格点数，计算

$$L_1 - L_2 + L_3 - L_4 + L_5 - L_6 + \cdots + L_{999} - L_{1\,000}$$

6. 一个等腰三角形的边长为 $\cos x, \cos x, \cos 7x$，其顶角为 $2x$（所有的角都是角度制），求 x 的所有可能值.

7. 求出曲线 $(x - [x])^2 + y^2 = x - [x]$ 和 $y = \dfrac{1}{5}x$ 的图像的交点个数（注：在本题中，$[x]$ 表示不超过 x 的最大整数）.

8. 在 $\triangle ABC$ 中，点 D 和 E 分别在线段 AB 和 AC 上，角平分线 AT 交 DE 于点 F（图 1.4.2）. 如果 $AD = 1, DB = 3, AE = 2, EC = 4$，求 $AF : AT$.

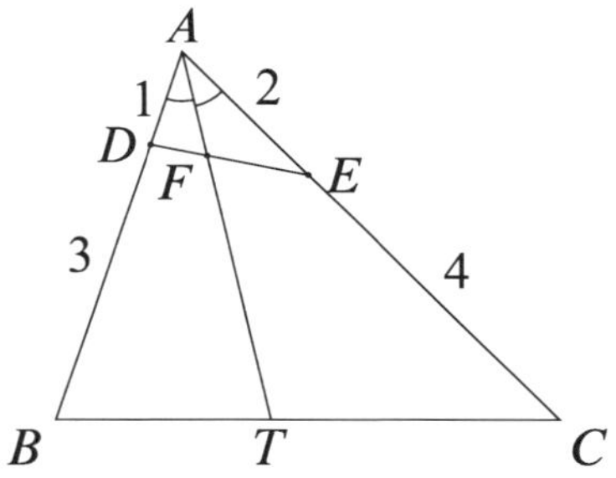

图 1.4.2

1.4.4 接力题 1

1. 五个连续正整数的乘积能同时被 13 和 31 整除，求出这五个正整数的最小值.

2. 设 T 表示你接收的数，令 $K = \dfrac{T-1}{15}$，求 $(1 - \mathrm{i})^{2K}$ 的值.

3. 设 T 表示你接收的数，将一个正方体的三个顶点联结起来构成一个三角形，如果正方体的边长为 T，求出此三角形周长的最大可能值.

1.4.5　接力题 2

1. 求不超过 125 的最大整数，使得它有素数个不同的（正整数）因子.

2. 设 T 表示你接收的数，令 $K=\dfrac{T}{11}$，如果 $\log_n 2=K, n>1$，求 $\log_4 n$.

3. 设 T 表示你接收的数，令 $r=\dfrac{1}{T}$. 对整数 $n\geqslant 0$，令 $F(n+1)=xF(n)+1$，且 $F(0)=1$. 求 x 的整系数多项式表达式 $(x-1)F(r)$.（注：这里的答案不写成因式分解的形式，并且要化简到尽可能简单.）

1.5　1993 年美国地区数学联赛

1.5.1　能力题——计算与近似

这类问题允许使用计算器.

1. 近似.

(1) 以下每一个关系式都定义了一个数列 $x_1,x_2,x_3,\cdots$. 在每种情形下，计算 x_2 和 x_{12} 到小数点后 6 位（不要四舍五入），并推测当 n 趋于无穷时数列的极限值.

① $x_{n+1}=\dfrac{1}{2}\left(x_n+\dfrac{64}{x_n}\right), x_1=100$.

② $x_{n+1}=\dfrac{1}{3}\left(2x_n+\dfrac{64}{x_n^2}\right), x_1=100$.

③ $x_{n+1}=\sqrt{\sqrt{64x_n}}, x_1=100$.

(2) 基于上面的问题 ① 和 ②，构造一个类似的递推式，使得其极限值是 64 的 5 次方根，并证明你的结论.

2. 阿基米德.

在半径为 1 的 $\odot O$ 中，我们构造一系列弦 $PA_0, PA_1, PA_2, \cdots, PA_n, \cdots$，它们都有一个公共的端点 P. 进一步，对任意 n 都有 $\widehat{PA_{n+1}} = \frac{1}{2}\widehat{PA_n}$. 如图 1.5.1，$PA_n$ 和 PA_{n+1} 是两条这样的弦，设弦长 $PA_i = 2x_i$，且从圆心 O 到此弦的距离为 d_i.

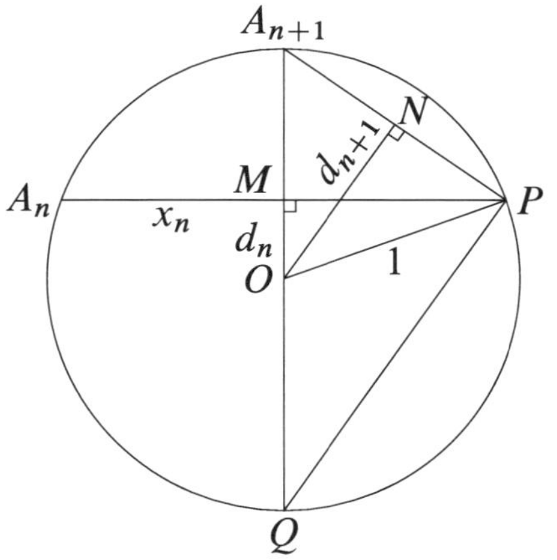

图 1.5.1

(1) 设 $\angle POA_{n+1} = \theta$，利用 $\cos\frac{1}{2}\theta$ 的公式，证明：$d_{n+1} = \sqrt{\dfrac{1+d_n}{2}}$.

(2) 通过比较 $\triangle OPA_{n+1}$ 和 $\triangle QPA_{n+1}$ 的面积，证明：$x_{n+1} = \dfrac{x_n}{2d_{n+1}}$.

(3) 设 $S_n = 2^{n+1}x_n, n = 0, 1, 2, \cdots$，证明：$S_{n+1} = \dfrac{S_n}{d_{n+1}}$.

(4) 设 $d_0 = 0, S_0 = 2x_0 = 2$. 利用 (1) 和 (3) 计算 S_1 和 S_7，保留 6 位小数，推测当 n 趋于无穷时 S_n 的极限，并简单证明你的推测.

3. 附加题

对任意正整数 n，令 $L_n = r^n + s^n$，其中 $r = \dfrac{1+\sqrt{5}}{2}, s = \dfrac{1-\sqrt{5}}{2}$.

(1) 计算 $L_1, L_2, L_3, L_4, L_5, L_6, L_7, L_8$.

(2) 证明：$L_{n+1} = L_n + L_{n-1}$.（你可能需要用到公式 $r^{n+1} + s^{n+1} = (r^n + s^n)(r+s) - r^n s - rs^n$.）

(3) 计算 $r, r^2, r^3, r^4, r^5, r^6, r^7, r^8$（保留两位小数即可），并推测如何仅由 r^n 得到 L_n.

(4) 求出 L_{201} 的数字位数.

(5) 求最小的整数 n,使得 L_n 有 21 位数. 再求最小的整数 n,使得 L_n 有 200 位数.

(6) 对任意正整数 n,斐波那契数列可以用公式 $F_n = \frac{1}{\sqrt{5}}(r^n - s^n)$ 得到. 求最小的整数 n,使得 F_n 有 21 位数,并写出这个 F_n 的前四位数.

1.5.2　团队题

1. 如图 1.5.2 所示的加法，不同的字母代表不同的数字，求五位数 $YUCCA$.

$$\begin{array}{r} LARRY \\ +\ \ GIL \\ \hline YUCCA \end{array}$$

图 1.5.2

2. 一个矩形的宽和长为 1 和 3,其对角线相交成的角度为 $\theta°$,求 $\sin\theta°$.

3. 求 x,使得 $\arctan x + \arctan 1 = 2\left(\arctan x - \arctan\frac{1}{3}\right)$.

4. 从单词 REASSESSES 的字母中构造的不同的 10 个字母的单词的个数和从单词 REDUCTIONS 中构造的不同的 x 个字母的单词的个数相同,求 x.(注:这里的单词指的是字母的任意排列.)

5. 如图 1.5.3,$\odot P$ 与 $\odot Q$ 相切,且其半径均为 1. 线段 PQ 的延长线与两圆分别交于点 A 和 B,线段 AC 和 BTC 均与 $\odot P$ 相切,求 AC 的长.

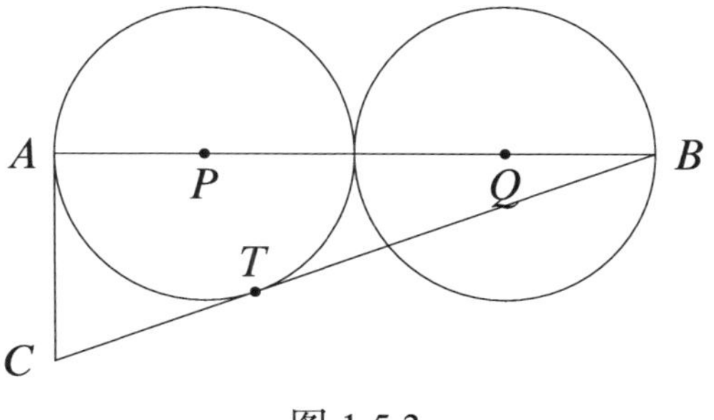

图 1.5.3

6. $7^{12}+4^{12}$ 可以写成三个四位的素数的乘积,其中恰好有一个素因子大于 2 626,求最大的素因子.

7. 连续 11 次投掷两个均匀的骰子,使得每次投掷的总和都不同的概率可以写成 $\dfrac{(a!)(b!)(c!)}{36^d}$,其中 a,b,c,d 都是整数,且 $a \leqslant b \leqslant c \leqslant d$,求出有序四元组 (a,b,c,d).

8. 正数 $a_1,a_2,\cdots,a_k$ 的算术平均数是正数 $b_1,b_2,\cdots,b_{7k}$ 的算术平均数的 $\dfrac{1}{4}$（其中 k 是一个正整数）. 如果这些平均数都是整数，求 $a_1,a_2,\cdots,a_k,b_1,b_2,\cdots,b_{7k}$ 的算术平均数的最小可能值.

9. 两个直角圆锥的底面相互平行（即它们的底面在平行的平面上）,它们的顶点分别是另一个圆锥底面的圆心,两个圆锥相交成 $\odot C$. 如果两个底面的面积分别为 400 和 900,求 $\odot C$ 的面积.

10. 斐波那契数列 $\{F_n\}$ 定义为:$F_1=F_2=1,F_n=F_{n-1}+F_{n-2},n \geqslant 3$,斐波那契数 F_a,F_b,F_c 构成一个递增的等差数列,如果 $a+b+c=2\,000$,求 a.

1.5.3 个人题

1. 求满足方程 $y^2-x^2=2x+1$,且 $1\,993<x<y<2\,020$ 的有序正整数数对 (x,y) 的组数.

2. 如图 1.5.4,正方形 $ABCD$ 位于坐标轴上,求此正方形的面积.

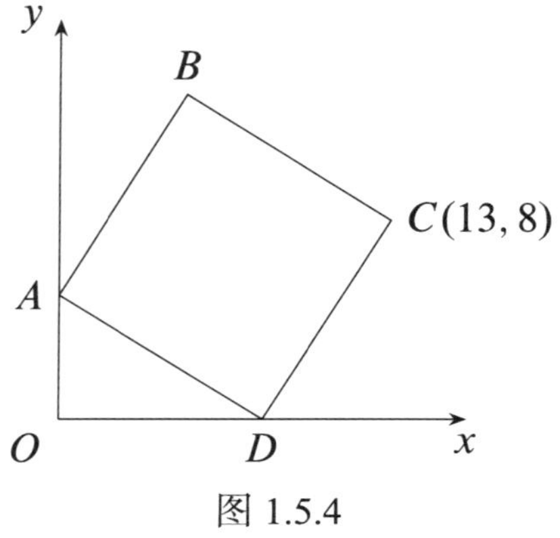

图 1.5.4

3. 存在唯一的 x，使得五个数 $4, 2, 16, 6, x$ 的中位数和它们的算术平均数相等，求 x 的值.

4. 一个凸的等边五边形的两条对角线互相垂直，如果此五边形的一个内角为 $100°$，求其他四个内角的度数.

5. 将以下四个数从左到右按递增顺序重排

$$\sin 9°, \cos 67°, \sin 16° \cos 7°, \cos 16° \sin 7°$$

（注：不能使用计算器.）

6. 如果 $(4A1)^{1A4}$ 的十位数字是 2，求数字 A 的所有可能值.（注：$4A1$ 和 $1A4$ 表示三位数.）

7. 求满足方程

$$x^{100} - 4^x \cdot x^{98} - x^2 + 4^x = 0$$

的实数 x 的个数.

8. 存在一些素数 p，它们具有这样的性质：p 的任意一个五位数的倍数在数字的循环置换下仍然是 p 的倍数. 一个这样的素数是 41（例如，由于 50 635 是 41 的一个倍数，那么 55 063，35 506，63 550 和 [0]6 355 也是 41 的倍数）；另一个这样的素数 p 的值是 3. 求出这样的大于 41 的素数 p.

1.5.4　接力题 1

1. 设三位数 $n = ABC$，求 $\dfrac{n}{A+B+C}$ 的最大可能值.

2. 设 T 表示你接收的数字，求 $9^T \cdot 13^{T+1} \cdot 17^{T+2}$ 的个位数.

3. 设 T 表示你接收的数字，6 个不重叠的圆，每个圆的半径为 r，且都与一个半径为 $3T$ 的圆相切，求 r 的最大可能值.

1.5.5　接力题 2

1. 如果正整数 a 和 b 满足 $\dfrac{\lg a}{\lg b} = \dfrac{a}{b}$，$a \neq b$，求 $ab + 1$ 的值.

2. 设 T 表示你接收的数字，如图 1.5.5，$\triangle AOB$ 置于坐标平面上，OA 的斜率为 1，OB 的斜率为 8，AB 的斜率为 T，求 $\dfrac{b}{a}$.

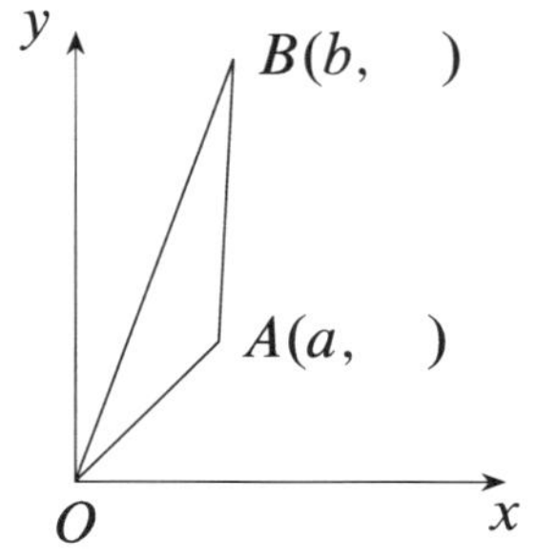

图 1.5.5

3. 设 T 表示你接收的数字，如果 $a^2+Tb^2=6ab$，求 $\dfrac{a}{b}$ 的最大值.

1.6　1994 年美国地区数学联赛

1.6.1　能力题——格点

这里的问题只涉及二维直角坐标系中的图形.

格点就是在格子上的点，它的两个坐标都是整数. 格点线段指的是其端点都是格点，斜格点线段指的是与坐标轴不平行的格点线段.

字母 l 表示一段格点线段的长度，也表示这条线段本身. 设 $N(l)$ 表示在一段长为 l 的格点线段上的格点数目，不包括其端点.（例如，$N(\sqrt{2})=0$；当格点线段为斜的时候，$N(17)=0$，当格点线段不是斜的时候，$N(17)=16$.）

1. 计算 $N(l)$，其中格点线段 l 的端点为：

(1) $(0,0)$ 和 $(3,4)$.

(2) $(0,0)$ 和 $(12,16)$.

(3) $(0,0)$ 和 $(300,400)$.

(4) $(-3,11)$ 和 $(57,101)$.

2. 求出 $N(l)$ 的所有可能值，如果 l 是斜的，且：

(1) $l=13$.

(2) $l=4\cdot 13$.

(3) $l=5\cdot 13$（要考虑 l 的所有可能斜格点线段的情形）.

3. 如果 l 是斜的，且 $l=5\cdot 13\cdot 17$，求出 $N(l)$ 的不同可能值的个数.

格点多边形是指顶点均为格点的多边形，斜格点多边形是指格点多边形的所有边都是斜的.

毕克定理：任何一个格点多边形的面积可以表示为 $K=\frac{1}{2}B+I-1$（其中 K 是面积，B 是多边形边界（边和顶点）上的格点数，I 是多边形内部的格点数目.）

4. 求顶点为 $(1,2),(31,42),(81,-78)$ 的三角形的 I 值（内部的格点数），要写出所有计算过程.

5. (1) 求边长为 25 的格点正方形的最大 I 值.

   (2) 求边长为 26 的格点正方形的最大 I 值.

6. 证明：如果一个斜格点三角形的两条边长分别是 5 和 13，那么它的第三条边长不可能是整数.

7. (1) 给定任意五个格点，证明：存在一条联结其中两点的线段上包含一个格点（不包括端点）.

   (2) 证明：每一个凸的格点五边形内部都包含一个格点.

   (3) 题中“四边形”指没有平行边的四边形. 对任意一个凸的格点不规则四边形：

      ① 证明：如果有两条邻边各包含一个格点（不包含端点），那么在此四边形内存在一个格点.

      ② 证明：如果有两组对边都不包含格点（顶点除外），那么在此四边形内存在一个格点.

   （这两个结论加在一起，说明任意凸的格点不规则四边形内都包含一个格点.）

8. 如果一个格点三角形的两条边长的乘积是素数，且其面积也是素数，证明：此三角形的面积必为 2.

1.6.2 团队题

1. 如果

$$x^5 + 5x^4 + 10x^3 + 10x^2 - 5x + 1 = 10$$

且 $x \neq -1$，求 $(x+1)^4$ 的值.

2. 两个外切的圆的半径分别为 r 和 R，且 $r < R$. 它们的外公切线交于点 P，如果 $\angle P = 60°$，求比值 $r : R$.

3. 考虑方程

$$100\cdots00_b + 100\cdots00_{b+1} = 100\cdots00_{b+2}$$

其中的每一项都恰好有 n 个 0（角标表示的是每个数的进制），有多少个 n，$2 \leqslant n \leqslant 100$，使得此方程有解（即存在一个正整数 b）?

4. 一个等腰三角形有一条中线长为 15，一条高为 24. 这些信息可以确定出两个三角形，求其中任意一个的面积.（只需要给出一个答案.）

5. 当 t 取遍所有实数值时，由

$$x = t^2 - 2, y = t^3 - 9t + 5$$

定义的点集 $\{(x, y)\}$ 形成了一条自交的曲线，求出此曲线所有的自交点 (x, y).

6. 设 a 是整数，抛物线 $y = ax^2 + 19x$ 经过第一象限的两个格点，其纵坐标均为素数，求出这些点的坐标.

7. 勒维和卡罗一起在一条路上从 A 走到 B，然后原路返回，整个过程耗时 3 小时. 这段路有时是上坡，有时是下坡，有时是平路. 他们上坡的时速是 40 英里，下坡的时速是 60 英里，平路的时速是 x 英里.

即使给了 x 的数值，从 A 到 B 的距离也在一般情形下无法唯一确定，但是有一个 x 的值，使得这个距离是唯一的，求出这个 x 的值.（注：上坡在回程的时候就是下坡.）

8. $\triangle A_0B_0C_0$ 的内切圆与其三条边分别切于点 A_1, B_1, C_1，$\triangle A_1B_1C_1$ 的内切圆与其三条边分别切于点 A_2, B_2, C_2. 这个过程一直持续到我们

得到一个 $\triangle A_nB_nC_n$,其所有的内角与等边三角形的内角的误差在 1° 之内,求这种情形发生时的最小 n 值(不论 $\triangle A_0B_0C_0$ 的角度如何).

9. 求 N 的实数值,使得函数 $y=f(x)=\dfrac{4x^2+Nx+N}{x+1}, x\neq -1$ 的值域包含除去形如 $(-L,L)$ 的区间的所有实数.

10. 点 P 在一个长方体盒子内,点 P 到长方体的四个顶点的距离分别为 1,2,3,4,如果点 P 到另一个顶点的距离大于 5,求出此距离.

1.6.3 个人题

1. 在一个 8×8 棋盘上,有 20 个单元格染成了红色,剩下的染白色. 当此棋盘沿着平行于某条边的方向折叠时,恰有 7 对红色的单元格重合,求白色单元格重合的对数.

2. 如图 1.6.1,矩形 $PQRS$ 内嵌于矩形 $ABCD$. 如果 $DR=3, PR=13, PA=8$,求矩形 $ABCD$ 的面积.

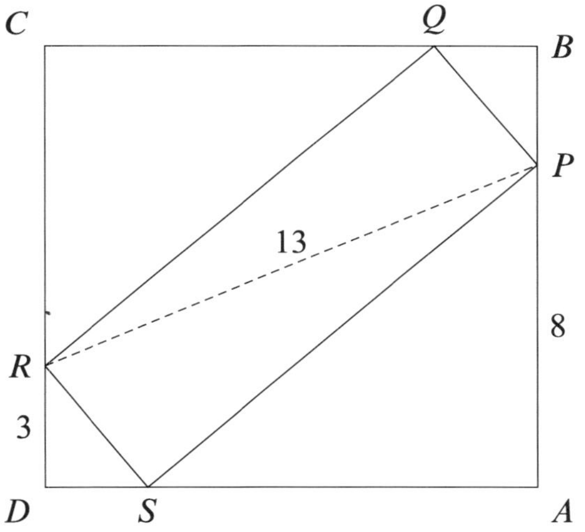

图 1.6.1

3. 当 $n=19\,941\,994$ 时,计算 $\left[\sqrt{n^2-10n+29}\right]$,其中 $[x]$ 表示不超过 x 的最大整数.

4. 如图 1.6.2,从正方形 $ABCD$ 的两边 AB 和 AD 向外作两个半圆,点 E 是正方形的中心,QAP 是一条线段,且 $QA=7, AP=23$,求 AE.

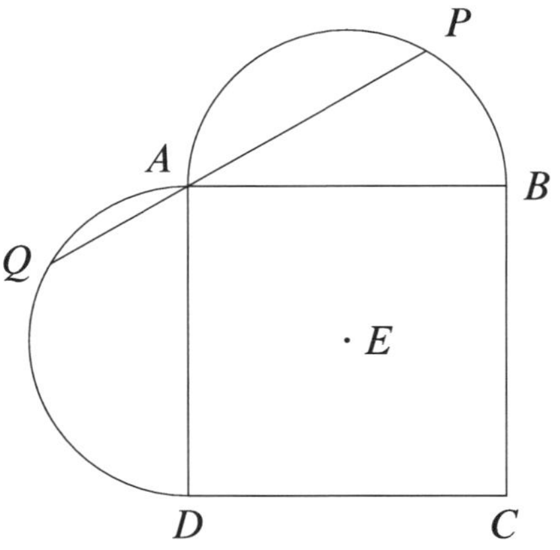

图 1.6.2

5. 如图 1.6.3 所示的加法,每个字母表示一个不同的数字,求字母 J 所代表的数字.

$$\begin{array}{r} ABC \\ DEF \\ +\ GHI \\ \hline 1J32 \end{array}$$

图 1.6.3

6. 正十边形 $P_1P_2\cdots P_n$ 画在直角坐标系下,点 P_1 在点 $(1,0)$ 处,点 P_6 在点 $(3,0)$ 处,如果点 P_n 的坐标是 (x_n, y_n),求以下乘积的数值

$$(x_1 + y_1\mathrm{i})(x_2 + y_2\mathrm{i})(x_3 + y_3\mathrm{i})\cdots(x_{10} + y_{10}\mathrm{i})$$

7. 从点 $(2\cdot 1\,994, 2\cdot 1\,994)$ 到圆 $x^2 + y^2 = 1\,994^2$ 的一条切线与圆交于点 (a,b),求 $a+b$.

8. 希勒斯曾经有一定数量的硬币,数量在 30 到 35 之间,每一枚硬币都标有一个不同的数字,这些数字是 2 的连续的幂,即 $1,2,4,8,\cdots$. 这些硬币中有一些丢失了,丢失的硬币的值的和恰好是原先硬币值的和的 $\dfrac{1}{5}$,求丢失的硬币数.

1.6.4 接力题 1

1. 求最小的正整数 n,使得乘积 $13\cdot 19\cdot n$ 也是三个连续整数的乘积.

2. 设 T 表示你接收的数，令 $N=\dfrac{T}{111}$，求 $2^N+4^N+8^N$ 的最大奇数因子.

3. 设 T 表示你接收的数，求最大的正整数 n，使得

$$1(1!)+2(2!)+3(3!)+\cdots+n(n!)<T!$$

1.6.5　接力题 2

1. 整数 n 比一个完全平方数小 124，比另一个完全平方数小 56，求 n.

2. 设 T 表示你接收的数，令 $d=\dfrac{T}{50}$. 如图 1.6.4，在 $\triangle ABC$ 中，中线 $BM=29$. 从点 C 到射线 BM 的垂线交 BM 于点 R. 如果 $CR=d$，求 $\triangle ABC$ 的面积.

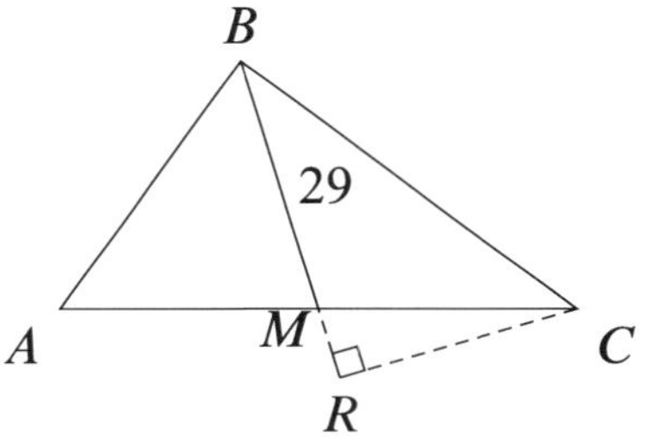

图 1.6.4

3. 设 T 表示你接收的数，直线 $5x+2y=1\,994$ 与圆 $x^2+y^2=T$ 不相交. 求圆上到此直线距离最小的点（一定要以有序对的形式给出答案）.

第 2 部分 组约数学联赛

2.1 1989 年纽约数学联赛

2.1.1 能力题——一些数列问题

在这类题中，$[x]$ 表示不超过 x 的最大整数，n 总是表示一个正整数，以下计算中不允许使用计算器.

定义 $S_n = \left[\frac{n}{1}\right] + \left[\frac{n}{2}\right] + \left[\frac{n}{3}\right] + \cdots + \left[\frac{n}{n}\right]$，且 $S_0 = 0$.

1. 对 $n = 1, 2, 3, 4, 5, 6, 7$，计算 S_n.

2. (1) 设 a 是一个正整数. 证明：若 $a \nmid n$，则 $\left[\frac{n}{a}\right] = \left[\frac{n-1}{a}\right]$；若 $a \mid n$，则 $\left[\frac{n}{a}\right] = \left[\frac{n-1}{a}\right] + 1$.（注：$a \mid n$ 表示 a 整除 n，因此 n 是 a 的一个倍数.）

   (2) 设 $\tau(n)$ 表示 n 的（正整数）因子的个数，例如，6 有四个因子（1, 2, 3 和 6），于是 $\tau(6) = 4$. 证明：$S_n = S_{n-1} + \tau(n)$.

   (3) 对 $n > 1$，$\tau(n) \geqslant 2$，所以 $S_n \geqslant S_{n-1} + 2$. 利用这一结论证明 $S_n \geqslant 2n - 1$.

   (4) 假定你有一张很大的表格，它包含 n 很大时 S_n 的连续值. 对表格上的数字，解释如何能够判断它是一个素数或者完全平方数.

3. 令 $H_n = 1 + \frac{1}{2} + \frac{1}{3} + \cdots + \frac{1}{n}$.

(1) 注意到 $(1)+\left(\frac{1}{2}+\frac{1}{3}\right)+\left(\frac{1}{4}+\frac{1}{5}+\frac{1}{6}+\frac{1}{7}\right)<1+1+1$, 所以 $H_7<3$. 证明:若 $n=2^a-1$,其中 a 是一个正整数,则 $H_n \leqslant a$.

(2) 证明:$n(H_n-1)<S_n \leqslant nH_n$.

(3) 证明:$S_{1\,000}<10\,000$.

2.1.2 团队题

1. 求最大的整数,使得对任意正整数 n,它都整除 $n^3(n^2-1)(n^2-4)$.

2. 数列 $\frac{1}{2},\frac{5}{3},\frac{11}{8},\frac{27}{19},\cdots$ 由如下方式构成: 每个分母都是前一项的分子和分母的和,每个分子都是自己的分母和前一项分母的和. 这些分数的极限为实数 n,求 n.

3. 求经过曲线 $4x^2+11y^2=29$ 和 $x^2-6y^2=6$ 交点的圆的面积.

4. 如果一个两位数 n 加上或者减去正整数 k,所得的两个数的各位数字之和与 n 的各位数字之和相等. 如果 n 加上或减去 $2k$,得到的两个数的各位数字之和与 n 的各位数字之和不相等. 如果 $k<17$,求 n.

5. 一个直角三角形的斜边上的高将这条边分成的两段线段长分别为 p 和 q, $p<q$. 如果此高是斜边长的 $\frac{1}{4}$,那么 $\frac{p}{q}=a-b\sqrt{3}$,求出有序正整数对 (a,b).

6. $\triangle ABC$ 的顶点是三个互相外切的圆的圆心. 如果 $\sin A:\sin B:\sin C=2:3:4$,那么这些圆的半径从最大到最小的比值为 $p:q:s$. 求有序三元组 (p,q,s),使得 p,q,s 没有超过 1 的公因子.

7. 设 z 满足 $z^7=1$ 且 $z\neq 1$,求以下表达式的数值

$$z^{10}+\frac{1}{z^{10}}+z^{30}+\frac{1}{z^{30}}+z^{50}+\frac{1}{z^{50}}.$$

8. 我们有一个 $n\times n$ 的棋盘格,从 1 到 n^2 的整数按顺序放入格子中,前 n 个数在第一行,接下来 n 个数在第二行,依此类推. 比如对 $n=3$,我们有

1	2	3
4	5	6
7	8	9

假定我们从不同行不同列中选 n 个数，不管怎么选取数字，最后选出来的数字之和只与 n 有关. 事实上，这个和可以表示成 n 的多项式，求这个多项式.

9. 设 A, B, C, D, E 表示五个两两相交的集合. 如果表达式

$$\{[(B\cap C)\cup(A\cap E)]\cap[(B\cap C)\cup A']\}\cup$$
$$\{[(C\cap D')\cup(A\cap E')]\cap[(C\cap D')\cup A']\}\cup$$
$$[(B'\cup C)'\cup(C\cup D)']$$

可以尽可能化简，此结果等于 $Y\cup Z'$，其中 $Y, Z\in\{A, B, C, D, E\}$，求出有序组 (Y, Z).（注：假定这里提到的所有集合都是 I 的子集. 如果 X 表示一些元素的集合，那么 X' 表示 X 在 I 中的补集.）

10. 如果 $(\sin 1°)(\sin 3°)(\sin 5°)\cdots(\sin 87°)(\sin 89°)=\dfrac{1}{2^n}$，求有理数 n.

2.1.3 个人题

1. 点 P 和 Q 在 $\odot O$ 上，作弦 PQ. 另一个圆以 OP 为直径，交弦 PQ 于点 S. 如果 $OP=7, PQ=12$，求 PS.

2. 求正整数 x，使得

$$4x^3-41x^2+10x=1\,989$$

3. 一个四边形外切于一个圆，如果四边形的三条边长分别为 17, 18, 21（不一定是按顺序），求第四条边的最小可能值.

4. 如果 $x=1\,989(a-b), y=1\,989(b-c), z=1\,989(c-a), xy+yz+xz\neq 0$，求以下表达式的值

$$\frac{x^2+y^2+z^2}{xy+yz+xz}$$

5. 数列 $1, 2, 4, 5, 10, 11, 22, 23, 46, 47, \cdots$ 的生成方式为：首项是 1，加 1 得到 2，加倍得到 4，再加 1 得到 5，加倍得到 10，依此类推. 第 100 项形如 $3 \cdot 2^k - 1$，求 k.

6. 求最小的正角度 x，使得

$$\tan 4x = \frac{\cos x - \sin x}{\cos x + \sin x}$$

7. 圆 $x^2 + y^2 = 25$ 上的点关于点 $(4, 1)$ 的对称点的集合满足方程

$$x^2 + ay^2 + bx + cy + d = 0$$

求有序四元实数组 (a, b, c, d).

8. 菱形 $ABCD$ 的对角线长为 10 和 4，与菱形 $CDEF$ 在同一个平面上，且 $DE \perp DA$，求菱形 $CDEF$ 的面积.

2.1.4　接力题 1

1. 正整数 K 有 n 位数，且等于 $2\,608n$，求 K.

2. 设 S 表示你接收的数字的各位数之和，令 $T = S - 5$. 求数字 $1\,989^T$ 展开以后各个数字的和，并以 1 988 为基来表示.

3. 设 R 表示你接收的数字，令 $T = 5(R - 1)$. 我们有 7 张纸条，每张纸条上都有一个从 1 到 7 的不同整数. 我们随机选 k 张纸条，如果这 k 张纸条包含从 1 到 k 的概率为 $\frac{1}{T}$，求 k 的最小可能值.

4. 设 T 表示你接收的数字，令 $k = T + 2$. 在一个直角三角形中，较大的角度 θ（锐角），是斜边上的中线与高之间夹角的 k 倍，求 θ 的度数.

5. 设 T 表示你接收的数字，令 $P = \frac{T}{10} + 1$. 一个人的三个口袋中都有美元钞票，一个口袋有 P 美元，另一个口袋的钱是总钱数的 $\frac{1}{6}$，第三个口袋的钱是总钱数的 $\frac{k}{5}$，k 是一个从 1 到 5 的整数，求他拥有的钞票总数.

2.1.5 接力题 2

1. 四位数 $ABBA$ 是 7 的倍数,求 $A+B$ 的最大可能值.
2. 设 T 表示你接收的数字, 令 $k=\dfrac{T}{4}$. 一条直线经过点 $(k,\sqrt{3})$ 和 $(p,5\sqrt{3})$,如果此直线与 x 轴正向的夹角为 $60°$,求 p.
3. 设 a 表示你接收的数字, 这是一个正数. 点 $A(a,a)$, $B(-b,b)$ 和 $C(0,0)$ 构成一个三角形,且 $\angle BAC=45°$,求此三角形的面积.
4. 设 T 表示你接收的数字,令 $K=\dfrac{T}{4}$. 一项汽车服务是每 $\dfrac{1}{4}$ 公里收费 25 美分,如果一次 20 分钟的行驶花费了 K 美元,求此车在这段旅程的平均速度.
5. 设 T 表示你接收的数字,令 $k=\dfrac{T}{6}$. 先作平移 $T_1:(x,y)\to(x+2,y+3)$, 再作伸缩 $D_1:(x,y)\to(kx,ky)$, 等价于先作伸缩 $D:(x,y)\to(kx,ky)$,再作平移 $T_2:(x,y)\to(x+c,y+d)$. 求有序数对 (c,d).

2.2 1990 年纽约数学联赛

2.2.1 能力题——螺旋型的格点

如图 2.2.1,平面上的格点是螺旋型的: P_0 是 $(0,0)$, P_1 是 $(0,1)$, P_2 是 $(-1,1)$, P_3 是 $(-1,0)$,依此类推.

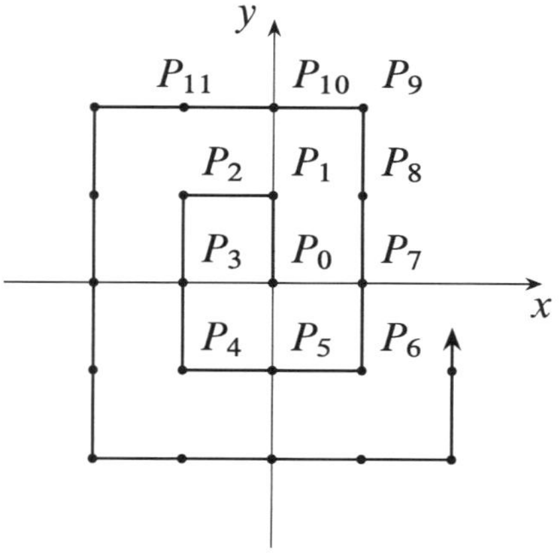

图 2.2.1

1. (1) 如果 n 是一个正整数，而 P_k 是下面所示的点，将 k 表示为 n 的函数：

①$(-n,-n)$　　②$(n,n+1)$　　③$(-n,n)$　　④$(n,-n)$

(2) 求以下每个点的坐标：

① P_{100}　　② P_{225}　　③ P_{380}　　④ P_{420}

(3) ① 求点 $P_{1\,000}$ 的坐标.

② 如果 P_k 是点 $(10,-20)$，求 k.

2. 解答以下每个问题.

(1) 点 P_0,P_2,P_8 在抛物线 $y=x^2$ 上，有无穷多个其他的 k 值，使得 P_k 落在此抛物线上；所有其他的 k 值（也只有这些值）满足的公式是 $k=an^4+bn^2\pm n$，其中 a,b 是固定的常数，而 n 取遍所有大于 1 的整数. 求有序整数对 (a,b).

(2) 点 P_3,P_5,P_7 都在坐标轴上，证明：对任意其他素数 k，P_k 不可能在坐标轴上.

(3) 求出所有的 k，使得线段 P_kP_{2k} 的长度为 1.

2.2.2 团队题

1. 如果 $x^2-y^2=x-y$，其中 $x>y$，且 y 是一个单位分数，求 x 的最小可能值.（注：一个单位分数指的是形如 $\frac{1}{n}$ 的分数，其中 n 是一个正整数.）

2. 如图 2.2.2 是圆弧的一部分，以下哪些说法一定是正确的（指出每个正确答案前面的数字）：

图 2.2.2

(1) 弦 AB,BC,CD 的中垂线交于同一点.

(2) 若 AC 和 BD 交于点 P，则 $AP\cdot PC=BP\cdot PD$.

(3) $\angle ABD=\angle ACD$.

(4) $\angle ABC+\angle ADC=180^\circ$.

(5) $\overset{\frown}{AB}:\overset{\frown}{CD}=AB:CD$.

3. 如果 $a=\lg 9, b=\lg 16$，求 $4^{\frac{a}{b}}+3^{\frac{b}{a}}$.

4. 假定“反日期”表示月份和天数对调（比如 2 月 10 日的反日期就是 10 月 2 日）. 求出一个日期，使得其反日期恰好就是 60 天之后. 将你的答案写成 (m,d) 的形式，其中 m 是月份，而 d 是天数.

5. 一个四位数 $ABCD$ 是一个完全平方数，两位数 CD 比两位数 AB 小 1，求数 $ABCD$.

6. 数列 $\{S_n\}$ 定义为：$S_1=1, S_2=1$，对 $n>2$，有

$$S_n=\frac{S_{n-2}\cdot S_{n-1}}{S_{n-2}+S_{n-1}}$$

求 S_{12}.

7. 求最小的正整数 k，使得 $2^{24}+k$ 能被 127 整除.

8. 求出所有的正整数 $n, 1<n<100$，使得 $\binom{n}{2}$ 是一个完全平方数.

9. 在凸四边形 $ABCD$ 中，$AB=15, BC=7, CD=24, AD=20$，且 $\angle A=90^\circ$，求 AC.

10. 设三角形的“组分”是它的三条边和三个角，$\triangle ABC$ 的五个组分与 $\triangle DEF$ 的五个组分是相等的，但这两个三角形不是全等的. 如果这两个三角形的边长都是整数，求 $\triangle ABC$ 周长的最小可能值.

2.2.3 个人题

1. 将数字乘开，15! 等于 1 307 67A 368 000，求出遗失的数字 A.

2. 如图 2.2.3，一个六边形的每个顶点都放置了一对有序数对. 每个顶点的第二个数都是其相邻两个顶点的第一个数的算术平均数（例如，$10=\dfrac{a+c}{2}$），求 a.

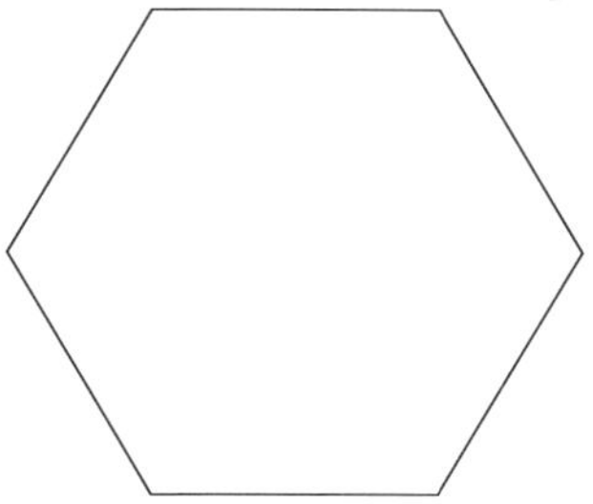

图 2.2.3

3. 表达式 $a \cdot b, \dfrac{a}{b}, a+b, a-b$ 中的每一个都代表一个实数，其中的三个是相等的，求出满足条件的有序实数对 (a,b).

4. $\triangle ABC$ 的顶点为 $A(0,6)$, $B(12,0)$ 和 $C(0,0)$. 过点 $(3,0)$ 的直线平分此三角形的面积，求此直线的斜率.

5. 曲线 $y=\sin x$ 将直线 $y=\sin 70^\circ$ 分成了很多部分，其长度具有连续的比值

$$\cdots : p : q : p : q : \cdots$$

其中 $p<q$. 求互素的有序正整数对 (p,q).

6. 一个梯形的两个底边长为 3 和 12，一个腰的长度为 2. 如果一条对角线的长度为 12，求另一条对角线的长度.

7. 抛物线 $y=x^2$ 关于直线 $y=3$ 反射，得到了一个新的抛物线，新抛物线关于直线 $x=2$ 反射，得到抛物线 $y=-x^2+bx+c$，求有序数对 (b,c).（注：点 P 关于直线 ℓ 的反射点是指一个点 P'（称为点 P 的像），使得 ℓ 是线段 PP' 的中垂线. 一个点集的反射是这个点集的像的集合.）

8. 如果 a,b 都是整数，$20<a<b<40$，且

$$N=[a!+(a+1)!+(a+2)!][b!+(b+1)!+(b+2)!]$$

求所有 a 的值，使得 N 是一个完全平方数.（注：如果 $k>1$，那么 k 个连续正整数的乘积不可能是一个完全平方数.）

2.2.4 接力题 1

1. 一个两位数的数字之和的平方减去它的两位数字的平方之和是一个完全平方数，求满足条件的最大的两位数.

2. 设 T 表示你接收的数字，令 $R=\frac{T}{49}$. 如图 2.2.4，劣弧 $\overparen{AB}$ 和 $\overparen{CB}$ 都是半径为 R 的 $\frac{1}{4}$ 圆，相切于点 B. 弧 $\overparen{ADC}$ 是一个半径为 R 的半圆，求它们围成的区域的面积.

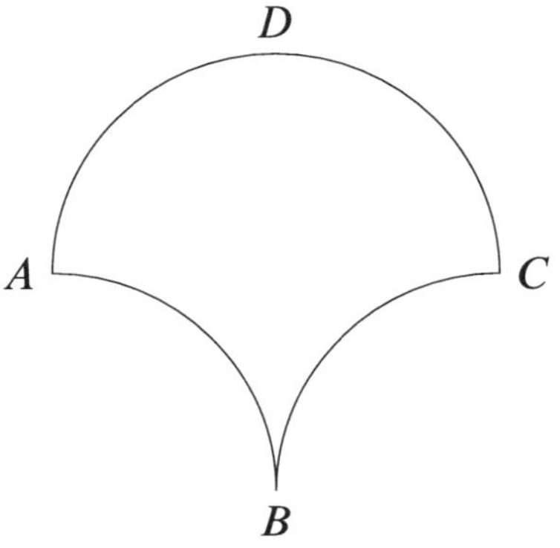

图 2.2.4

3. 设 A 表示你接收的数字，如果三位数 ABC 和 CBA 被 7 除的余数相同，且 $A \neq C$，求数字 C.

2.2.5 接力题 2

1. 求过点 $(0,0)$ 和 $(4,0)$ 的最小正方形的面积.

2. 设 T 表示你接收的数字，令 $K=T-5$. n 为正偶数，它的所有因子（除了 n 本身）的和整除 $\frac{n}{2}$，求满足此条件的最大 K 位数 n.

3. 设 N 表示你接收的数字，而 K 表示 N 的各位数字之和. 从圆外一点作圆的两条割线，它们之间所夹的两条弧长分别为 $K\pi$ 和 2π. 如果这两条割线的夹角为 30°，求此圆的半径.

2.3　1991 年纽约数学联赛

2.3.1　能力题——连续整数的和

设 $T(N)$ 表示将正整数 N 表示成一个或多个连续正整数和的方法数（按递增的顺序）. 在这个问题中，我们用“一个连续整数”来表示 N 的一个单项表示. 例如，$49=4+5+6+7+8+9+10$, $49=24+25$, $49=49$，所以 $T(49)=3$.

1. 在每种情形中，通过列出 N 的所有连续正整数和的表示方式来求出 $T(N)$（如上述例子所述）：

   (1) $T(3), T(7)$.

   (2) $T(21), T(42)$.

   (3) $T(9), T(27)$.

2. (1) 可以表示成三个连续正整数和的最小平方数是 9，求接下来的两个这样更大的平方数.

   (2) 证明：不存在可以表示成 8 个连续正整数和的立方数.

   (3) 求出所有的 k（大于 1），使得 k 个连续正整数的和一定能被 k 整除.

3. 证明以下各个结论，其中 p, q 代表不同的素数，而 a, b 代表正整数：

   (1) $T(p)=2$.

   (2) $T(2^a)=1$.

   (3) $T(p^a)=a+1$.

   (4) $T(p^a\cdot q^b)=T(p^a)\cdot T(q^b)$.

   注：上面第 4 个结论可以类似推广到任意不同的奇素数，也可以证明 $T(2^aN)=T(N)$.

4. (1) 求 $T(15!)$.（不需要写出过程.）

   (2) 求最小的正整数 N，使得 $T(N)=12$，并写出过程.

   (3) 将 510 表示成 k 个连续正整数的和，如果 k 可以尽可能大，求出这些数中最小的数，并写出过程.

2.3.2 团队题

1. 如果 $A(3,4)$ 和 $C(7,10)$ 是矩形 $ABCD$ 的对顶点，那么顶点 B 和 D 一定在圆

$$x^2+y^2-px-qy+s=0$$

上，求出有序三元实数组 (p,q,s).

2. 正多边形 I 的一条边长为整数，且与正多边形 Ⅱ 的一条边长相等. I 的一个角是 Ⅱ 的一个角的补角. 如果其中一个多边形的周长是 15，求另一个多边形的周长（只有一个答案）.

3. 在一个城市里，出租车的收费标准为：当时速超过 x 英里时，每 $\frac{1}{5}$ 英里收 20 美分；当时速低于 x 英里时，每分钟收 15 美分；当时速在 x 英里时，两种收费方式的费用是一样的，求 x.

4. 从直角坐标系的原点开始，我们采用下面的方式移动：总是向右走，且沿着逆时针方向. 首先，我们沿着与水平线成 1° 的方向走 $\cos 1^\circ$ 个单位，然后沿着与水平线成 2° 的方向走 $\cos 2^\circ$ 个单位，再沿着与水平线成 3° 的方向走 $\cos 3^\circ$ 个单位，依此类推，最后沿着 90° 的方向走 $\cos 90^\circ$ 个单位，求最终点的横坐标.

5. 如果

$$\binom{1\,991}{991}+\binom{1\,991}{992}=\binom{1\,992}{x}$$

且 $x>996$，求 x.

6. 从集合 $S=\{1,2,3,4,5\}$ 到自身的一个一一映射满足以下两个条件：

(1) 如果 $n\in S$，那么 n 不会映射到 $n-1,n,n+1$.

(2) 如果 $n\in S$，且 n 映射到 r，那么 r 不会映射到 $n,n+1$.

问数字 3 映射到多少？

7. 设 S 是所有 15 位正整数的集合，从 S 中随机取一个整数，它是回文数的概率为 $\frac{1}{10^k}$，求 k.（注：回文数是指一个正整数反过来和它本身是一样的，比如 67 276.）

8. 两个圆的半径分别为 1 和 7，它们的一条内公切线和一条外公切线垂直，求它们圆心之间的距离.

9.（对所有的复数 $a+b\mathrm{i}$，其中 a,b 为实数，我们定义 $|a+b\mathrm{i}|=\sqrt{a^2+b^2}$，例如 $|3-4\mathrm{i}|=5$.）

   设 z 表示复数 $x+y\mathrm{i}$，其中 x,y 是实数. 在 xOy 平面上，$|z-3|=2|z+3|$ 的图像与 $|z|=k$ 的图像恰好交于一点，求满足 $0<k<8$ 的 k 值.

10. 在 $\triangle ABC$ 中，$AB=AC$，$\cos\angle BAC=\frac{1}{3}$. 如果点 P 和 Q 是 BC 的三等分点，求 $\cos\angle PAQ$.

2.3.3　个人题

1. 设集合 $S=\{11,13,14,15,17,27,28,29,36,51\}$. 从 S 中取 5 个不同的整数，它们的乘积为 2 137 590，求它们的和.

2. 设 $f(x)=x^2+bx+9$，$g(x)=x^2+dx+e$，如果 $f(x)=0$ 的根为 r,s，$g(x)=0$ 的根为 $-r$ 和 $-s$，求 $f(x)+g(x)=0$ 的两个根.

3. 约翰以为他已经把所有的两位正整数加起来，其和是一个回文数，但不幸的是他丢了一个数，那么他丢了哪个数呢？（注：回文数是指一个正整数反过来和它本身是一样的，比如 67276.）

4. 在一个凸 n 边形中，其中一个内角是 x°，而剩下的 $n-1$ 个内角都是 133°，求 x 的四个可能值.

5. 平行四边形 $ABCD$ 的周长为 40，其高为 4 和 7，求 $\sin A$.

6. 如果方程组

$$\begin{cases}x+y+z=2\\2x+4y+3z=5\\ax+by+2z=9\end{cases}$$

   有无穷多组三元实数解 (x,y,z)，求有序实数对 (a,b).

7. 如果一个矩形纸片的一个顶点折到矩形的中心，折痕经过了矩形的另一个顶点，求矩形的长边与短边之比.

8. 数字 26! 以一串 0 结尾,设 N 表示将最后所有的 0 抹去以后得到的整数,求最大的整数 k,使得 12^k 整除 N.

2.3.4 接力题 1

1. 角 A 与 B 互补,如果 $\sin 2A=\frac{1}{4}$,求 $\sin 2B$.

2. 设 T 表示你接收的数字,令 $N=12T$,有多少个 N 位正整数不含数字 1 和 9?

3. 设 T 表示你接收的数字,令 $P=\frac{T}{16}$. 如图 2.3.1,在 $\triangle ABC$ 中画了两个相切的圆,切点分别为 D, E, F, G, H, J. 如果 $DE=3, CF=5$,且 $\triangle ABC$ 的周长为 P,求 AB.

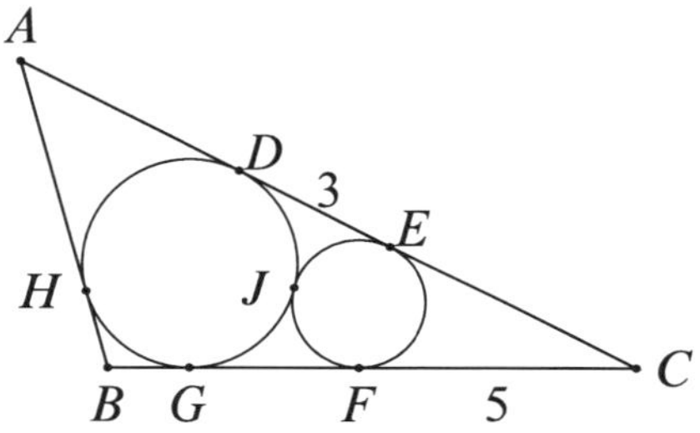

图 2.3.1

2.3.5 接力题 2

1. 如果 $[x]\cdot x=11$,求 x.(注:在本题中,$[x]$ 表示不超过 x 的最大整数.)

2. 设 T 表示你接收的数字,令 $L=3T$. 如图 2.3.2,一个矩形内接于一个等腰直角三角形,如果三角形的腰长均为 L,求矩形的周长.

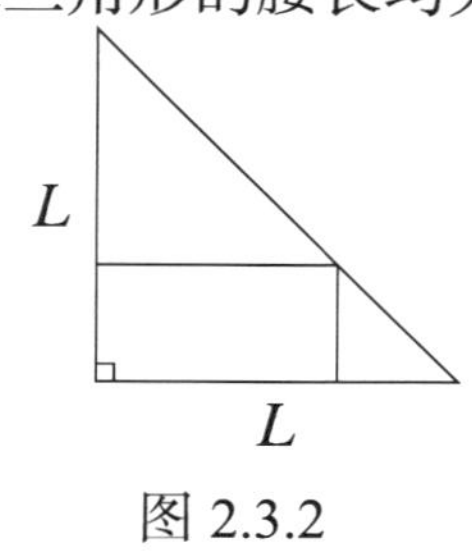

图 2.3.2

3. 设 T 表示你接收的数字,令 $N=T-13$. 两个矩形内接于同一个圆,一个矩形的尺寸是 $3\times h$,另一个矩形的尺寸是 $N\times k$. 如果 $h+k=24$,求 $h-k$.

2.4　1992 年纽约数学联赛

2.4.1　能力题——方形台球游戏

1. 如图 2.4.1,正方形 $ABCD$ 放置在坐标平面上,一个球(点)从角落 A 处(正方形 $ABCD$ 的顶点称为角落)出发,运动到 DC 上的点 P_1,然后沿着该边反射到另一边的点 P_2,然后继续沿着正方形的边进行反射. 如图 2.4.2 和 2.4.3,行进路径在碰到正方形的一个角落时停止.

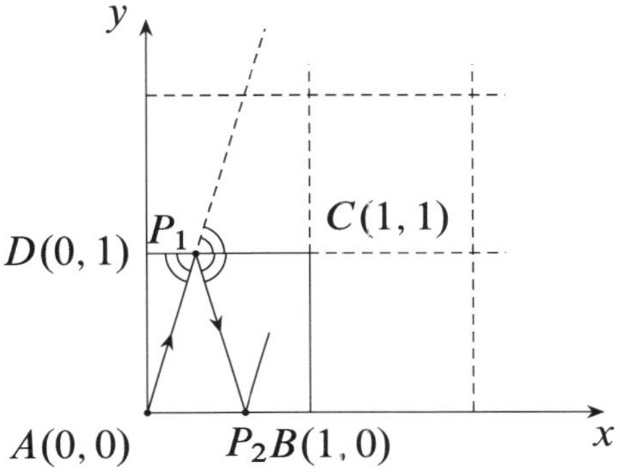

图 2.4.1

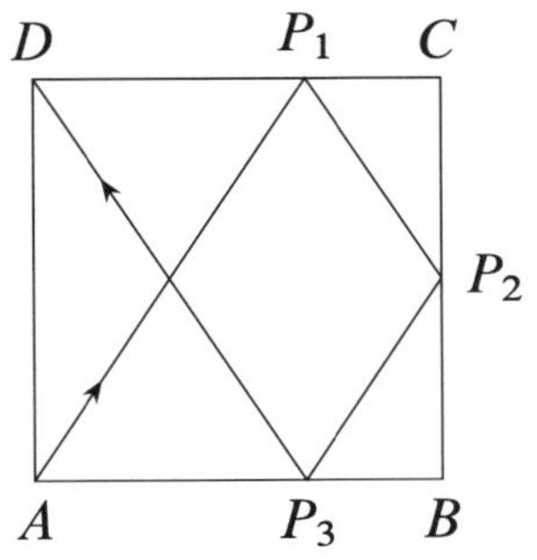

图 2.4.2

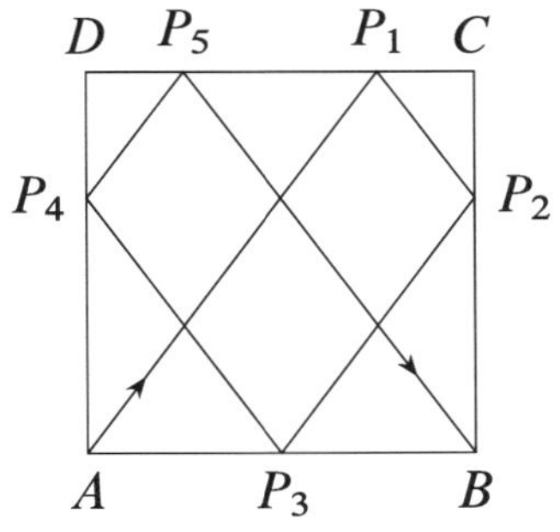

图 2.4.3

折线上的每一条线段都称为路径一条“腿”. 设 T 表示路径的局部总长度,L 表示路径上“腿”的数目,a 表示 DP_1 的长度.

(1) 在图 2.4.1 中，设 $a=\frac{2}{5}$.

①求 AP_1 上距离点 A 最近的格点 J（不是点 A）的坐标.

②平面上的每个格点都是正方形 $ABCD$ 的一个顶点在对其边进行连续反射的像. 点 J 对应于正方形 $ABCD$ 的哪个角落（这个角落是路径的终点）？

③求 T 和 L.

(2) 设 $a=\frac{q}{r}$，其中 q,r 是互素的正整数，且 $\frac{q}{r}<1$.

① 用 q 和 r 来表示 T 和 L.

② a. 由于 a 是有理数，此路径必然会结束. 用 q 和 r 来表示，如何判断路径会在哪个角落 A,B,C,D 结束，以及解释为什么没有路径能在角落 A 结束.

b. 证明：如果 L 是奇数，那么路径必然在角落 C 结束.

c. 证明：如果 T 是有理数，那么路径不可能在角落 C 结束.

(3) ① 如果 $L=17$，求所有可能的 a 的值.

② 如果 $T=\sqrt{65}$，求出所有可能的 L 的值，以及在每种情形下路径会在哪个角落结束.

(4) ① 对给定的 L，可能有很多个点 P_1 的位置. 对这些可能的位置，证明：当 P_1 尽可能靠近点 C 时，T 是最小的.

② 考虑使得 $L=100$ 的最短路径，此路径结束的角落也是 P_{100}.

a. 求 P_{99} 的坐标.

b. 求 P_{22} 的坐标.

2. 在这一部分中，球是沿着矩形 $ABCD$ 的边进行反射的，其中矩形的坐标为 $A(0,0)$, $B(2,0)$, $C(2,1)$, $D(0,1)$. 同样地，球从角落 A 出发，首先运动到 DC 上的点 P_1，这里 $a=DP_1=\frac{q}{r}$，其中 q 和 r 是互素的正整数，且 $\frac{q}{r}<2$. 证明：此路径结束的角落完全由 q 所决定，并确定在每种情形下，最后的角落是哪个，并解释为什么不可能有路径在角落 A 结束.

3. 在这一部分中，球沿着边长为 1 的等边 $\triangle ABC$ 的边反射，球从角落 A 出发，首先运动到 BC 上的点 P_1. 如果 $CP_1 : P_1B = 3:5$，求 L 和 T，并求出路径结束的角落.

2.4.2 团队题

1. 如图 2.4.4，一个锐角三角形的两条高将两边分成的长度分别为 5, 3, 2, x，求 x.

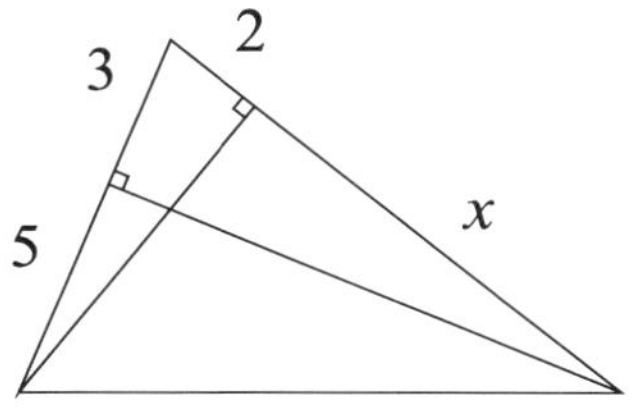

图 2.4.4

2. 一条直线的斜率为 -2，且到原点的距离为 2，求此直线与坐标轴围成的三角形的面积.

3. 求整除 16! 而不整除 14! 的最小正整数.

4. 求满足以下条件的有序数对 (x, y) 的组数：x 和 y 都是两位数，$x < y$，且 $x \cdot y$ 是一个各位数字相同的三位数.

5. 数 $9^6 + 1$ 是三个素数的乘积，求其中最大的素数.

6. 有两个四位数 $ABCA$，满足 AB 是一个素数，BC 是一个平方数，CA 是一个素数与一个大于 1 的平方数的乘积，求其中较大的四位数.

7. 如果 $f(x) = |3x - 1|$，求所有满足 $f\big(f(x)\big) = x$ 的 x.

8. 在三维直角坐标系中，原点为 O，点 A, B, C 分别在 x, y, z 轴上. 如果 $\triangle OAB, \triangle OAC, \triangle OBC$ 的面积分别为 4, 6, 12，求 $\triangle ABC$ 的面积.

9. 求最小的正整数 n，使得 $1 + 2 + 3 + 4 + \cdots + n = (n + 1) + (n + 2) + (n + 3) + \cdots + (n + k)$ 对某个整数 $k > 1$ 成立.

10. 一个凸五边形内接于圆，如果它的边长为 16, 16, 16, 16, 6，其面积为 $k\sqrt{7}$，求 k.

2.4.3 个人题

1. 如果 $2(7^2+24^2)^5+3(15^2+20^2)^5=5^k$，求整数 k.

2. 求介于 7^4 和 4^7 之间的平方数的个数.

3. 求 $3^{12}+2^{12}-2\cdot 6^6$ 的最大素因子.（注：不得使用计算器.）

4. 点 $A(4,0)$ 是边长为 8 的正六边形 $ABCDEF$ 的一个顶点，六边形的内部都在第一象限内，如果顶点 D 的坐标为 (x,y)，求有序对 (x,y).

5. 用纸片做一个直角 $\triangle ABC$，斜边 $AB=36$，顶点 C 折到 AB 的中点，得到折痕 XY，其中点 X 和 Y 分别在三角形的直角边上. 如果 $XY=20$，求 $\triangle XYC$ 的面积.

6. 一个等差数列的前 3 项分别是 $\tan x, \cos x, \sec x$，如果第 k 项是 $\cot x$，求 k.

7. 设 r 是方程 $x^2+5x+7=0$ 的根，求

$$(r-1)(r+2)(r+6)(r+3)$$

8. 如图 2.4.5，两个半径为 r 的圆分别与直角三角形的斜边和直角边相切，且它们是外切的，如果此三角形的边长分别为 3, 4, 5，求 r.

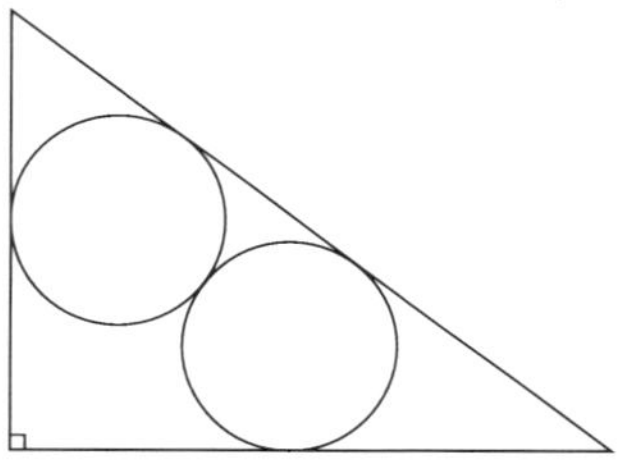

图 2.4.5

2.4.4 接力题 1

1. 求 $\lg 2^{4^2}+\lg 5^{2^4}$.

2. 设 T 表示你接收的数字，令 $D=\dfrac{T}{2}$. 点 $(1\,992, D)$ 在一个正方形上，正方形的四个顶点都在坐标轴上. 如果正方形的边长等于 $b\sqrt{2}$，求 b.

3. 设 T 表示你接收的数字，令 $R=\dfrac{T}{100}+4$. 对 n 的某个值，$3n^2+4n-R$ 和 $2n^2+3n-R+56$ 等于同一个素数 p，求 p 的值.

2.4.5　接力题 2

1. 一个三角形的两条边分别在 x 轴和 y 轴上，如果三角形的中线交于点 $(4,2)$，求出此三角形的面积.
2. 设 T 表示你接收的数字，令 $R=\dfrac{T}{4}$，如果 $\dfrac{1}{\dfrac{1}{x}+\dfrac{1}{R}}=6$，求 x.
3. 设 T 表示你接收的数字，且它是一个正整数，求最大的整数 x 的值，使得表达式 $(x-T)^2+16$ 是一个完全平方数.

第3部分

加赛题

3.1 美国地区数学联赛和纽约数学联赛加赛题

当最高个人得分之间出现平局时，加赛题会用来决出最后的排名. 排名的顺序由正确答案提交的顺序来决定. 在接下来的题目中，赛题和年份都写在括号里面. 如果在竞赛中不只有一个加赛题，它们出现的顺序就和这里列出的顺序一致.

1.（纽约数学联赛，1983）设 z 和 $z+1$ 是 n 次单位根，正整数 n 是 7 的倍数，求 $n-z^3$ 的最小可能值.

2.（纽约数学联赛，1983）如果 $ABCDEFG$ 是一个正七边形，对角线 AC 和 BF 交于点 P，求 $\angle APB$.

3.（纽约数学联赛，1984）如果

$$x^3+5x^2+3x-1=A(x-1)^3+B(x-1)^2+C(x-1)+D$$

是一个恒等式，且 A, B, C, D 是常数，求 $B+D$.

4.（美国地区数学联赛，1984）如图 3.1.1，$\triangle ABC$ 内接于一个圆，且 BP 平分 $\angle ABC$. 如果 $AB=6, BC=8, AC=7$，求 BP.

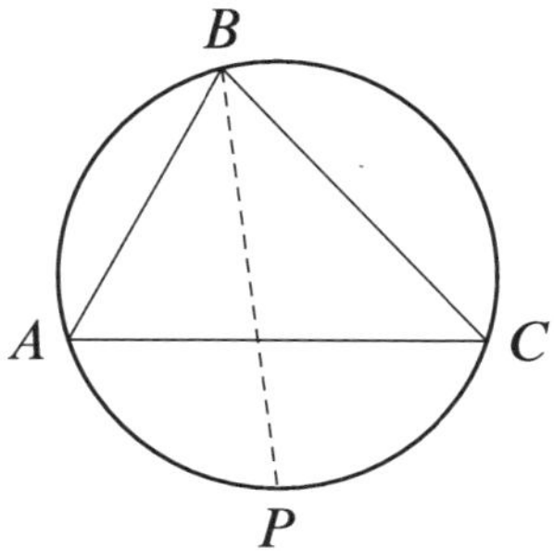

图 3.1.1

5. (美国地区数学联赛,1984) 如果正数 x, y, z 满足 $x+4y+16z=120$,求 $\lg x+\lg y+\lg z$ 的最大值.

6. (纽约数学联赛,1985) 对正整数 n,如果 $A_n=1+3+5+\cdots+(2n-1)$, $B_n=\lg A_1+\lg A_2+\lg A_3+\cdots+\lg A_n$,那么 $B_6+B_7=B_x$,求正整数 x.

7. (美国地区数学联赛, 1985) $[x]$ 表示不超过 x 的最大整数, 求 $[(4+\sqrt{15})^3]$.

8. (美国地区数学联赛,1985) 如果 $\dfrac{\cos 2x}{\cos x}=2$,求 $\dfrac{\sin 2x}{\sin x}$ 的值.

9. (美国地区数学联赛,1985) 如果 $S_n=1^3+2^3+3^3+\cdots+n^3$,求

$$\frac{1}{\sqrt{S_1}}+\frac{1}{\sqrt{S_2}}+\frac{1}{\sqrt{S_3}}+\cdots+\frac{1}{S_{1\,985}}$$

10. (美国地区数学联赛,1986) 求由以下方程所围成区域的面积

$$y^3-xy^2-3y^2=4x^2y-4x^3-12x^2.$$

11. (美国地区数学联赛, 1986) 一个直角三角形有两条高的长度分别为 4 和 5,求第三条高的最大可能值.

12. (纽约数学联赛,1987) 一个平行四边形的三个顶点为 $A(1,3)$, $B(4,8)$ 和 $C(6,2)$,第四个顶点的坐标可能有三个,求这些点的横坐标之和.

13. (纽约数学联赛, 1987) 方程 $x^2+bx+c=0$ 的根为 r 和 s, 方程 $x^2+cx+b=0$ 的根为 r 和 t,如果 b, c 是不相等的实数,求 $s+t$ 的值.

14.（纽约数学联赛，1987）过原点的两条直线的斜率分别为 p 和 q，且 $p>q>0$. 直线 $y=x$ 平分这两条直线的夹角. 如果 $p+q=\sqrt{13}$，求 $p-q$.

15.（纽约数学联赛，1988）在 $\odot O$ 中，经过点 B 延长直径 AOB 到点 P，作圆的切线 PT，如果 $PT=\dfrac{9}{2}$，求 AB 的所有整数值，使得 BP 是有理数.

16.（纽约数学联赛，1987）求以下表达式的值

$$\left(5^{\lg 2}\right)\left(2^{\lg 3}\right)\left(2^{\lg 6}\right)\left(5^{\lg 9}\right)$$

17.（美国地区数学联赛，1988）设 x 是锐角，且

$$\tan 2x=\frac{\cos x-\sin x}{\cos x+\sin x}$$

求 $|\tan 4x|$ 的值.

18.（纽约数学联赛，1989）求 $3^{14}+3^{13}-12$ 的最大素因子.

19.（纽约数学联赛，1989）求 $\lg\left((\sqrt{5})^{\sqrt{8}}(\sqrt[3]{2})^{\sqrt{18}}\right)$.

20.（美国地区数学联赛，1989）如图 3.1.2，AB 的斜率是 $m, m>1$，且 $AB\perp BC, BC\perp CD, CD\perp DE$. 如果 $EA=AC$，求 m.

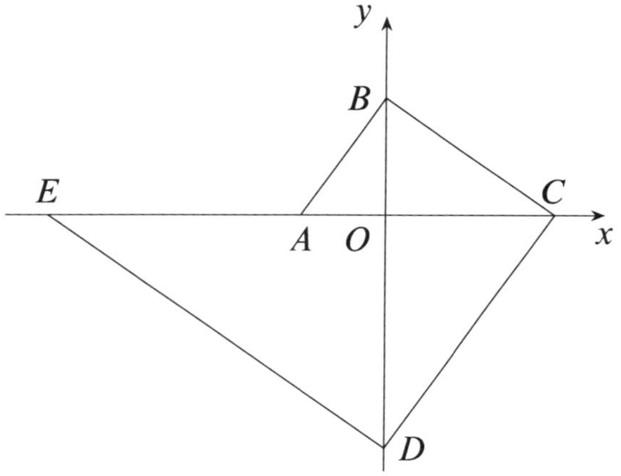

图 3.1.2

21.（纽约数学联赛，1990）求最小的正整数，使得其各位数字的立方和不能被其各位数字之和整除.

22. (美国地区数学联赛, 1990) 直线 $7x + 11y = 770$ 上的某些格点在第一象限内, 求这些格点横坐标的平均值.

23. (纽约数学联赛, 1991) 如果 r 和 s 是方程 $x^2 + x + 7 = 0$ 的根, 求 $2r^2 + rs + s^2 + r + 7$ 的值.

24. (纽约数学联赛, 1991) 三个不同的正整数构成一个等差数列, 如果它们的立方之和被它们的和除, 那么商为 81. 如果这些数是按递增的顺序排列, 求中间的数.

25. (美国地区数学联赛, 1992) 顶点为 $O(0,0)$, $A(4,0)$, $B(4,3)$ 的直角 $\triangle OAB$ 关于其斜边进行反射, 如果点 C 是点 A 的像, 求 OC 的斜率.

26. (美国地区数学联赛, 1992) 点 $A(1,0)$ 和 $B(b,0)(b > 1)$ 是圆的一条直径的端点. 一条过原点的直线与圆相切, 且直线的斜率为 $\frac{4}{3}$, 求 b.

27. (美国地区数学联赛, 1993) 集合 $A = \{2, 5, 10, 17, \cdots, n^2 + 1, \cdots\}$, 而集合 $B = \{10\,001, 10\,004, 10\,009, 10\,016, \cdots, n^2 + 10\,000, \cdots\}$, 求 $A \cap B$ 中元素的个数.

28. (美国地区数学联赛, 1994) 求大于 200 的最小正整数 n, 使得 n 可以写成 5 个连续整数的和, 也可以写成 6 个连续整数的和, 还可以写成 7 个连续整数的和.

29. (美国地区数学联赛, 1994) 求以下乘法中遗失的数字 A

$$9\,966\,334 \cdot 9\,966\,332 = 99\,327\,A93\,466\,888$$

第4部分 解答

4.1 1989 年美国地区数学联赛

4.1.1 能力题

1. (1) $(7,24,25)$ 和 $(15,20,25)$（它是边长 $(3,4,5)$ 的五倍）.

   (2) $(35,120,125)$, $(75,100,125)$ 和 $(44,117,125)$，其中前面两个来自边长为 $(7,24,25)$ 和 $(3,4,5)$ 的三角形. 一般做法是利用表达式 $k(m^2-n^2), k(2mn), k(m^2+n^2)$ 来生成毕达哥拉斯三元组，其中 k,m,n 是正整数，且 $m>n$. 令 $m^2+n^2=125$，可得 $m=10, n=5$（得到 $(75,100,125)$），或 $m=11, n=2$（得到 $(44,117,125)$）；令 $m^2+n^2=25$，可得 $m=4, n=3$（得到 $(7,24,25)$，再取 $k=5$ 即可）.

2. (1) 由托勒密定理可得 $FG=\dfrac{7}{5}$，答案是 $(15,7,15,25)$（顺序可以改变）.

   (2) 利用边长 $a,x,a,25$（每一条对角线长都是 $\sqrt{625-a^2}$）得到 $x=25-\dfrac{2a^2}{25}$，正整数 x 由 $a=5,10$ 或 15 确定. 由 $a=15$ 将得到 (1) 中的答案，另外两种可能是 $(5,23,5,25)$ 和 $(10,17,10,25)$（任何顺序的答案都正确）.

(3) 由能力题 1 中的定理，对任意适当的 d，要找出 $n-2$ 个斜边长为 d^{n-2} 的 $P3$. 在一个直径为 d^{n-2} 的半圆内构造这些三角形，在半圆上连续连接点构成一个 n 边形. 连续应用托勒密定理来求出多边形的边长，可以说明每条边长都是有理数. 将所有的边长乘以它们的最小公分母就得到了一个 Pn.

3. (1) 在直径 AD 上，作一个 $P4\,ABCD$. 其中 $AB=a, BC=b, CD=c, AD=d, BD=e$，且 $\angle BCD=\theta$. 由余弦定理可得 $d^2=a^2+e^2=a^2+b^2+c^2-2bc\cos\theta$，由于 θ 一定是钝角，那么 $\cos\theta$ 是负的，所以 $d^2>a^2+b^2+c^2$. 注意到这一过程很容易推广到 Pn.

(2) 由 (1) 中的解答，设 $AC=f$，由托勒密定理可得

$$bd+ac=ef=\sqrt{(d^2-a^2)(d^2-c^2)}$$

将两边平方，化简并将每一项除以 d 可得 $b^2d+2abc=d^3-a^2d-c^2d$. 由于等式中的每一项都是整数，那么 d 必然整除 $2abc$. 如果 d 是大于 2 的素数，那么它至少整除 a,b,c 中的一个. 如果 $d\mid a$，那么 $a\geqslant d$，这是不可能的. 因此 d 是合数或 $d=2$，进一步可知 d 是合数.

(3) ① 由 (2) 中的解答，我们首先证明其面积必为有理数：$\triangle ABD$ 的面积为 $\frac{1}{2}ae$，这是一个整数，因为其中一条边长必为偶数（见 (2) 的解答）；$\triangle BCD$ 的面积为 $\frac{1}{2}bc\sin\theta$（根据扩展的正弦定理），由于 $\sin\theta=\frac{e}{d}$，这个必为整数，因此 $P4$ 的面积为有理数.

接下来我们证明 $P4$ 的周长必为偶数：我们首先注意到所有的本原毕达哥拉斯三元组是由 $m^2-n^2, 2mn, m^2+n^2$ 所生成的，其中 m,n 的奇偶性不同，由此得到的斜边长必为奇数，其中恰有一条直角边的长为偶数. 如果一个毕达哥拉斯三元组的斜边长为偶数，那么每条直角边长都包含斜边长的偶数因子. 再由托勒密定理可得 $b=\frac{ef-ac}{d}$，由于给定了这是一个整数，有两种基本的可能性：d 为偶数（此时 ef 和 ac 有很强的偶性，使得 b 也是偶

数,进一步使得周长也是偶数);或者 d 为奇数(要么 e, f 都是偶数,而 a, c 是奇数(这使得 b 为奇数),或者 e, f 是奇数,而 a, c 是偶数(这使得 b 为奇数),或者 e, f 的奇偶性相反,a, c 的奇偶性相反(这使得 b 是偶数);在每种情形中,周长都是偶数). 因此,$\overline{P}4$ 的周长一定是偶数.

最后,设 s 表示半周长,由海伦–秦九韶公式可得面积为 $\sqrt{(s-a)(s-b)(s-c)(s-d)}$. 由于 s 是整数,故面积是一个整数的平方根. 但是为了使得其面积为有理数,那么面积必然是整数.

② 这里可由归纳法证明. 我们简单介绍基本方法:给定直径 AV 上的 $\overline{P}n\ ABCD\cdots TUV$,设 $\triangle ABC$ 的面积为 K,$ACD\cdots TV$ 的面积为 K',而 $\triangle TUV$ 的面积为 K''. 我们假定任意 $\overline{P}(n-1)$ 和 $\overline{P}(n-2)$ 的面积都是整数,于是 $K+K'$ 是整数,且 K' 是整数,进而 K 也是整数. 由于 $K'+K''$ 也必须是整数,所以 $K+K'+K''$ 是整数.

4.1.2 团队题

1. 假设这三个奇数是 $n-2, n, n+2$,且这个四位数是 $AAAA$,我们有 $3n^2+8=1\,111\cdot A$. 由于 n 是奇数,那么 A 也是奇数. 现在或者枚举 A 的值,或者通过模 3,我们得到 $2\equiv A(\text{mod } 3)$,唯一的这样的奇数是 5,所以答案是 5 555.

2. 这样的立方数必然可被 $7^3(=343)$ 整除,满足条件的立方数是 $1^3\cdot 343, 2^3\cdot 343, 3^3\cdot 343, \cdots$. 因此求出 $\dfrac{500\,000}{343}=1\,457^+$,然后找到小于 1 457 的最大立方数. 由于 $11^3=1\,331, 12^3=1\,728$,故答案为 11.

3. 设 $pq=n^2-1$. 注意到 $n=2$ 是不满足的,所以 $pq=(n+1)(n-1)$ 蕴含 p, q 是孪生素数. 但是两个孪生素数之间的数总是可被 6 整除倍数(除了孪生素数 3 和 5). 解答的最后给出此结论的证明. 那么 p, q 的和是 $12k$ 的形式,因此必被 12 整除. 事实上,最开始的问题只需要 $p>5$ 即可. 这里 12 是最大的,只需要注意到 $101+103=12\cdot 17$,而 $107+109=12\cdot 18$.

结论的证明：任意整数的形式必为 $6k-1, 6k, 6k+1, 6k+2, 6k+3$ 或 $6k+4$ 之一，但只有 $6k-1$ 和 $6k+1$ 可以表示素数（$k>0$）. 因此孪生素数必然取这种形式，它们之间的数必被 6 整除.

4. 设 $AE=r$，那么 $r:(5-r)=7:3$，所以 $r=\frac{7}{2}$. 在 $\triangle ABE$ 中，$x:y=7:r=2:1=2$. 另一种方法就是利用质点，这可以很快证明

$$x:y=(a+c):b=2:1$$

5. 我们有 $\frac{3}{6}+\frac{3}{6}\cdot\frac{2}{6}+\frac{3}{6}\cdot\frac{4}{6}\cdot\frac{1}{6}=\frac{13}{18}$.

6. 设从上到下，从左到右的圆中的数字依次为 A, B, C, D, E, F, G. 注意到它们的和为 28，如果每一条线上的和为 S，那么

$$(A+B+E)+(A+C+F)+(A+D+G)=3S$$

所以 $2A+28=3S$. 此外，$(B+C+D)+(E+F+G)=2S$，所以 $28-A=2S$. 这两个方程说明 $A=4$，所以 E 不可能是 4.（而其他数对 E 来说都是可能的，因为我们可以任意交换竖直的两列或者水平的两行.）

7. 设过点 (r,s) 的曲线的切线交曲线于点 (a,a^2) 和 (b,b^2)，其中第一个点在角平分线的上方. 对两条直线的夹角用正切公式可得 $\frac{2a-1}{1+2a}=\frac{1-2b}{1+2b}$，所以 $ab=\frac{1}{4}$. 而两条切线 $y-a^2=2a(x-a)$ 与 $y-b^2=2b(x-b)$ 相交点处满足 $\frac{y-a^2}{2a}+a=\frac{y-b^2}{2b}+b$，这使得 $y[=s]=ab=\frac{1}{4}$.

8. 设 t 表示切线长，注意到 $(0,0), (3,4), (6,8)$ 是共线的，构成了圆的一条割线. 于是 $t^2=5\cdot 10 \Rightarrow t=5\sqrt{2}$. 完全不需要点 $(5,13)$.

9. 过点 G 作 $GH\perp AC$ 于点 H，$GJ\perp BF$ 于点 J. 由于 AG 是圆内接正六边形的一条边，它与圆的半径长度相等，因此 $AG=7, \angle OAG=60°$. 于是 $GH=\frac{7\sqrt{3}}{2}, AH=\frac{7}{2}$（由此得 $HO=\frac{7}{2}$，且由于 $OB=1$，

那么 $HB=\frac{9}{2}=GJ$）. 此外，在 $\text{Rt}\triangle AFC$ 中，BF 是 AB 和 BC 的等比中项，所以 $BF=4\sqrt{3}$. 现在 $FJ=BF-HG=\frac{\sqrt{3}}{2}$，所以 $k=21$. 这道题的目的是测试学生对某些几何结构的理解.

10. 如图 4.1.1，点 E,F 是两个圆心，点 M,N 分别是线段 AB 和 CD 的中点. 设 $AE=EP=a,FP=b,AB=t,CL=LP=EK=d,PJ=JD=e,PK=x$. 于是 $FG=b-a,AB=t=EG=\sqrt{(b+a)^2-(b-a)^2}=2\sqrt{ab}$，我们将利用 NH 和 MH 来得到 MN.

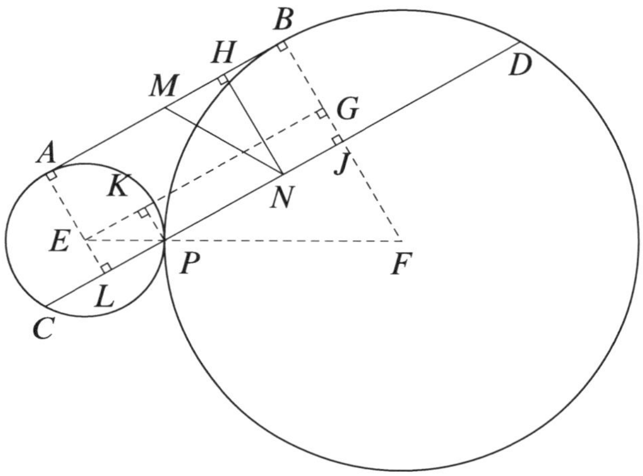

图 4.1.1

(1) $\frac{x}{b-a}=\frac{a}{b+a}\Rightarrow x=\frac{a(b-a)}{b+a}$，所以 $NH=x+a=\frac{2ab}{b+a}$.

(2) $NJ=ND-JD=\frac{1}{2}(2d+2e)-e=d\Rightarrow MH=MB-HB=\frac{1}{2}t-NJ=\frac{1}{2}t-d$.

(3) $\frac{d}{t}=\frac{a}{b+a}\Rightarrow d=\frac{ta}{b+a}\Rightarrow MH=\frac{t(b-a)}{2(b+a)}=\frac{\sqrt{ab}(b-a)}{b+a}$.

(4) $MN^2=\frac{4a^2b^2}{(b+a)^2}+\frac{ab(b-a)^2}{(b+a)^2}=\frac{ab(b^2+2ab+a^2)}{(b+a)^2}=ab\Rightarrow MN=\sqrt{ab}\left(=\frac{t}{2}\right)=6$.

4.1.3　个人题

1. 我们需要找到 4 个连续的正整数,使得其乘积等于 $379^2-1=(379+1)(379-1)=380\cdot378=19\cdot20\cdot378$. 由于 $378=18\cdot21$,所以 $x=18$. 类似地可以证明,任意连续四个正整数的乘积加 1 一定是一个完全平方数.

2. $\angle CDE+\angle DCE+\angle BAG+\angle ABG=\dfrac{360^\circ}{2}=180^\circ$,所以 $\angle E$ 和 $\angle G$ 是互补的. 因此四边形 $EFGH$ 是共圆的. 设 $\angle BAG=a, \angle ABG=b, \angle BCF=c$,那么 $a+b=180^\circ-\angle G, b+c=180^\circ-\angle F$. 于是

$$\begin{aligned} a-c &= \angle F-\angle G \\ &= \angle F-(180^\circ-\angle E)=\angle E+\angle F-180^\circ \end{aligned}$$

所以 $\angle A-\angle C=2(\angle E+\angle F-180^\circ)=26^\circ$. 一般地, $\angle A-\angle C=2(\angle E+\angle F)-360^\circ, \angle B-\angle D=2(\angle E-\angle F)$.

3. $P(x)$ 的系数之和为 $P(1)$. 令 $x=1$ 可得 $90=5P(1)$,所以 $P(1)=18$.

4. 设此矩形为 $ABCD$,其外接圆的圆心为 O,半径为 r,锐角 $\angle AOD=\theta$. $S_{矩形ABCD}=\left(\dfrac{1}{2}r^2\sin\theta\right)\cdot4=\dfrac{1}{2}\pi r^2$,所以 $\sin\theta=\dfrac{\pi}{4}$,这个值大约为 0.785 4. 因此 $45^\circ<\theta<53^\circ$. 取 49° 是最机智的答案,因为刚好覆盖了从 45° 到 53° 的角度值. 真实的角度比 52° 小一点,所以从 48° 到 56° 的所有角度都是可以接受的.

5. 由于第 i 行有 i 个数,那么 $\dfrac{n(n+1)}{2}\leqslant212$,这意味着 $n=20$. 我们将前面 20 行的项加起来(共有 $\dfrac{20\cdot21}{2}=210$ 项),再加上第 21 行的前两项. 前 20 行的和为 $1+2+4+8+\cdots+2^{19}=2^{20}-1$,于是最后的和为 $2^{20}-1+1+20=2^{20}+20$,所以 $k=20$.

6. 注意到对整数 $k>0, k\cdot\left[\dfrac{x}{k}\right]$ 是 k 的不超过 x 的最大倍数. 对整数 x, $[x]-19\cdot\left[\dfrac{x}{19}\right]$ 是 x 与 19 的不超过 x 的最大倍数之差. 所以, x 比 19 的一个倍数大 9,且 x 比 89 的一个倍数大 9,于是 x 比 $19\cdot89$ 的一个倍数大 9,满足此条件的最小正数 $x=19\cdot89+9=1\,700$.

7. 从 0 到 2^n-1 的每个整数可以这样生成：考虑 n 个空位，每个都放入 0 或 1. 共有 2^n 个这样的排列，每个数都是 n 位，因此需要 $n\cdot 2^n$ 个数字. 由于其中一半的数字是 1，那么我们需要 $n\cdot 2^{n-1}$ 个 1. 本题最后的答案为 $10\cdot 2^9=5\,120$. 这里所需要的 0 的个数是比较难算的，因为数字前面的 0 是不作数的.

8. 在同一个圆中改变六边形的边长的顺序，不改变每一段对应的弧长，因此新的六边形仍然是共圆的.（顺带一提，由于每一部分所对应区域的面积不变，那么新的六边形的面积和原来的面积相等.）将边长排列为 2, 7, 11, 2, 7, 11，说明每一个三元组都在一个半圆内. 对边长为 2, 7, 11, D（直径）的圆内接四边形应用托勒密定理，我们有

$$\sqrt{D^2-121}\sqrt{D^2-4}=7D+22$$

这意味着 $D^3-174D-308=0$，即 $D^3-(2\cdot 3\cdot 29)D-(4\cdot 7\cdot 11)=0$. 我们注意到 $11<D<20$，且如果 D 不是无理数，那么 D 是整数. 我们希望找到一个整数 D，可以得到 D 被 2 整除，而不被 3 或 4 整除. 唯一可能的整数 D 是 14，这是满足条件的.

4.1.4 接力题 1

1. 由 $6\sqrt{n}-9=n$，我们得到 $n^2-18n+81=0\Rightarrow n=9$.

2. 我们有 $T=9, k=5$. 如果立方体的边长为 s，那么 $3s^2=(k\sqrt{3})^2$，这意味着 $s=k$，于是体积为 $k^3=125$.

3. 我们有 $T=125, k=2$. 由 $3\mid(kx^3+22)$，我们得到 $3\mid(kx^3+1)$，这意味着 $3\mid(2x^3+1)$，容易得到 $x=4$.

4.1.5 接力题 2

1. 中间的整数必然是 19，于是 $(19-x)(19)(19+x)=19(19^2-x^2)>1\,989$，这意味着 $361-x^2>104.6$，所以 $361-x^2\geqslant 105, x^2\leqslant 256, x\leqslant 16$. 由于最大可能的 x 将得到最小可能的年份，我们取 $x=16$，得到年份为 $3\cdot 19\cdot 35=1\,995$.

2. 我们有 $T = 1\,995, n = 2$. 原式两边取以 19 为底的对数, $(\log_{19} 89)(\log_{19} x) = n \cdot \log_{19} 89$, 所以 $\log_{19} x = n$, 这意味着 $x = 19^n = 361$.

3. 我们有 $k = 361$. 设大半圆的半径为 r, 小半圆的面积为 $\frac{\pi\left(\frac{r}{n}\right)^2}{2} \cdot n = \frac{\pi r^2}{2n}$. 所以阴影区域的面积为 $\frac{\pi r^2}{2} - \frac{\pi r^2}{2n} = \frac{\pi r^2(n-1)}{2n} = k \cdot \left(\frac{\pi r^2}{2n}\right)$, 这意味着 $n = k + 1 = 362$.

4.2　1990 年美国地区数学联赛

4.2.1　能力题

1. (1) 由于 $(2a)^3 + a^3 = 9a^3$, 令 $a = 2k^2, b = k^2$, 那么 $(2k^2)^3 + (k^2)^3 = 9k^6 = (3k^3)^2$.

   (2) 令 $c = \frac{d}{r}, e = dr$, 我们得到 $a^3 + b^3 = d^3$, 这个方程无解.

   (3) 我们有 $a^3 + b^3 = (a + b)[(a + b)^2 - 3ab]$. 令 $3ab = k^2$, 那么 $a^3 + b^3 = (a + b - k)(a + b)(a + b + k)$. （注：比如对 $b = 3, a = m^2$, 最小的因子就是 $m^2 + 3 - 3m$, 这个数需要是正的, 所以 $m^2 + 3 - 3m \geqslant 1$, 所以 $m^2 - 3m + 2 \geqslant 0$, 这是容易满足的（比如 $m = 2$ 将得到 $a = 4, b = 3, k = 6$）.）

   (4) 我们有 $a^3 + b^3 = (a + b)[(a + b)^2 - 3ab] = 3p$, 那么 3 必然整除其中一个括号的式子, 但是这又导致 3 会整除另一个式子, 因此整个表达式被 9 整除, 所以 $3p$ 是 9 的倍数, 于是对大于 3 的素数 p, 方程无解.（注：对 $p = 3$ 有 $a = 2, b = 1$.）

2. (1) 如果方程有解, 显然 a, b 奇偶性相同. 如果 a, b 都是偶数, 它们的立方可被 8 整除, 两边不断除以 8, 最终会得到 $m^3 + n^3 = 2^d$, 其中 m, n 是奇数. 因此我们只需要考虑方程 $a^3 + b^3 = 2^c$, 其中 a, b 都是奇数（$a > b$）. 现在 $a^3 + b^3 = (a + b)(a^2 - ab + b^2) = 2^c$, 这意味着每一项都是 2 的幂次. 由于 $a^2 - ab + b^2$ 是三个奇数的和, 仍然是奇数, 但是唯一满足条件的奇数只能是 $2^0 = 1$. 而 $a > b$ 则意味着 $a^2 - ab + b^2 = (a - b)^2 + ab > 1$, 因此原方程无解.

(2) 令 $a = 2\cdot 3^m, b = 3^m$，那么 $(2\cdot 3^m)^3+(3^m)^3 = 9\cdot 3^{3m} = 3^{3m+2} = 3^c$.

(3) 如果 p 整除 a 或 b，那么 p 就会同时整除这两个数. 这就可以得到方程 $k^3p^3 + m^3p^3 = p^c$，这意味着 $k^3 + m^3 = p^d$. 这种操作可以一直重复下去，直到左边的每一项都不被 p 整除. 因此，我们只需要考虑 $a^3 + b^3 = p^c$，其中 p 不整除 a 和 b. 现在 $a^3 + b^3 = (a + b)[(a + b)^2 - 3ab] = p^c$，显然第二个括号的式子大于 1（因为它等于 $(a - b)^2 + ab$），因此每个括号的式子都是 p 的一个大于 1 的幂次. 而 $p \mid (a + b)$，$p \mid (a + b)^2 - 3ab$，这意味着 $p \mid 3ab$，所以 $p \mid ab$，那么 p 整除 a 或者 b，矛盾，因此原方程无解.（注：$p = 3$ 破坏了结尾的有效性. 本题的证明基本上等价于 (1)，但更具有一般性.）

3. (1) 设 p 是小于 c 的最大素数，由 $p \mid a$ 和 $p \mid c!$，我们得到 $p \mid b^3$，这意味着 $p \mid b$. 因此 $p^3 \mid a^3, p^3 \mid b^3$，于是 $p^3 \mid c!$，所以 $c \geqslant 2p$（事实上，$c \geqslant 3p$）. 而由伯特兰定理，对 $n \geqslant 2$，在 n 和 $2n$ 之间必然存在一个素数，因此在 p 和 $2p$ 之间存在一个素数，且它小于 c，矛盾. 所以 $p \nmid a$.

(2) 在这里的解答中，我们将舍弃通用的方法，来阐述一些不同的方法. 我们将证明 $a + b$ 能被 2, 3, 5, 11 整除，因此也就能被 330 整除. 注意到这些素数整除 $c!$，所以它们整除 $a^3 + b^3$.

① 由于 $a^3 + b^3$ 是偶数，那么 a, b 的奇偶性相同，于是 $a + b$ 也是偶数，所以 $2 \mid (a + b)$.

② 我们有 $a^3 + b^3 = (a + b)[(a + b)^2 - 3ab]$，那么 3 或者整除第一项，或者整除第二项，第二种情形下 $3 \mid (a + b)^2$，于是 $3 \mid (a + b)$.

③ 如果 $5 \mid a$，那么它必然也整除 b，所以 $5 \mid (a + b)$. 假定 5 不整除 a, b. 费马小定理指出，如果 p 是素数，且 $\gcd(a, p) = 1$，那么 $a^{p-1} \equiv 1 \pmod p$. 于是，比如 $a^4 \equiv b^4 \equiv 1 \pmod 5$，那么 $a^3+b^3 \equiv 0 \pmod 5$. 上式两边同时乘以 ab，我们得到 $a^4b+ab^4 \equiv 0 \pmod 5$，这意味着 $b + a \equiv 0 \pmod 5$，所以 $5 \mid (a + b)$. 这种方法可以应用在这里要考虑的每一个素数上，然而模 11 的时候需要更巧妙的操作.

④ 考虑一个形如 $11k + x$ 的数，假定它的立方形如 $11K + y, 0 \leqslant$

$x, y < 11$. x, y 的对照表如表 4.1：

表 4.1

x	0	1	2	3	4	5	6	7	8	9	10
y	0	1	8	5	9	4	7	2	6	3	10

现在就是看当 y 的两个值相加等于 11（或 0）时，相应的 x 值相加也等于 11（或 0）. 由于 $11 \mid (a^3+b^3)$，那么 $11 \mid (a+b)$，这个方法对所考虑的素数都是可行的. 方程 $a^3+b^3=c!$ 对 $c>2$ 是否有解，仍然是一个开放的问题.

4.2.2　团队题

1. 对于最大的和，我们把最大的数字放在十位数上，得到 $10(9+8+7+6+5)+(4+3+2+1+0)=360$. 最大的奇数和只需要交换 5 和 4 的位置，得到 351. 因此答案是 9 或 -9（两个答案都可以接受）. 试证明，这个和不可能是素数.

2. 联结两个顶点的线段只能是边、面对角线或者体对角线. 由于 AB, AC, BC 是不同的，最长的 AC 以立方体的中心为其中点，因此答案是 $(3,2,4)$.

3. 我们有

$$\begin{array}{r} .0\quad\cdots A67|\cdots \\ 97\overline{)1.000\cdots 0\,0\,0|00\cdots} \end{array}$$

由于循环节从竖线再次开始，那么紧接着竖线后面的数字必然是 1，于是 $97(0\cdots A67)+1=1000\cdots000$. 做乘法

$$\begin{array}{rrrrr} 0 & \cdots & A & 6 & 7 \\ & & & 9 & 7 \\ \hline & \cdots & * & 6 & 9 \\ & \cdots & 0 & 3 & \\ & & & + & 1 \\ \hline & \cdots & 0 & 0 & 0 \end{array}$$

在位置 $*$ 上，我们放上 $(7A+4)$ 的个位数字，那么 $(7A+4)+1$ 必然以 0 结尾，所以 $7A$ 以 5 结尾，于是 A 必然是 5.

4. 此士兵相对队伍向前跑的时速为 $4-2=2$（英里），相对队伍向后跑的时速为 $4+2=6$（英里）. 他跑过的总时间为 $\frac{\frac{1}{8}}{2}+\frac{\frac{1}{8}}{6}=\frac{1}{12}$，因此他跑过的总距离为 $4\times\frac{1}{12}=\frac{1}{3}$（英里）.

5. 设纸板的长和宽分别为 x, y，我们有

$$(x-2)(y-2)=2(x-4)(y-4)$$

这意味着 $xy-6x-6y=-28$. 待求的体积为

$$\begin{aligned}3(x-6)(y-6)&=(3xy-18x-18y)+108\\&=3(-28)+108=24\end{aligned}$$

6. 任意 6 个不同的数字都会产生一个这样的数，由于不能让 0 在数字的开头，所求的答案为 $\binom{9}{6}=84$.

7. 注意到 $a+b+ab=n$ 等价于 $(a+1)(b+1)=n+1$. 由于左边的每个因子至少是 2，那么 $n+1$ 不可能是素数，因此比素数小 1 的 n 都是不满足的，此时可知 $n=96$ 或 100.

8. 如图 4.2.1，作 $AE/\!/BC$，$BF\perp AE$，$CG\perp AE$. 那么 $BF=2\sqrt{3}=CG$，于是 $CE=4\Rightarrow ED=1$. 此外，$AF=2\sqrt{3}$，$GE=2\Rightarrow AE=9$. 在 $\triangle AED$（$\angle AED=120^\circ$）中利用余弦定理可得 $AD=\sqrt{91}$.

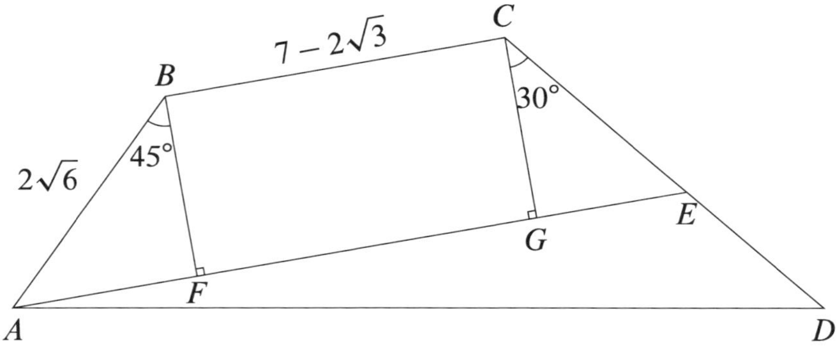

图 4.2.1

更简单（但不常见）的方法是利用坐标法. 令点 B 为坐标原点，点 C 在 x 轴的正方向上，得到点 A, D 的坐标并应用距离公式.

9. 如果 305 后面的项是 x，我们有 $\cdots, 305, x, 305+x, 305+2x, 610+3x, 915+5x, 1\,525+8x, \cdots$. 由于其中一个数必定是 1 990，而 x 是大于 305 的整数，我们可得 $x=1\,685$ 或 460. 如果 $x=460$，就会出现最小的可能首项，依次往回倒推，305 前面的项是 155, 150, 5.

10. **解法一**（注：如果 $\tan A$ 和 $\tan B$ 满足 $\tan A=-\tan B$，那么 $\dfrac{\sin A}{\cos A}=-\dfrac{\sin B}{\cos B}$，于是

$$\sin A\cos B+\cos A\sin B=0$$

于是我们有 $\sin(A+B)=0$，所以 $\angle A+\angle B$ 是 $180°$ 的整数倍.）

利用和差化积公式

$$\begin{aligned}\tan(120°-x)&=\frac{2\cos\dfrac{120°+x}{2}\sin\dfrac{120°-x}{2}}{-2\sin\dfrac{120°+x}{2}\sin\dfrac{120°-x}{2}}\\&=-\cot\frac{120°+x}{2}\\&=-\tan\left(90°-\frac{120°+x}{2}\right)\\&=-\tan\frac{60°-x}{2}\end{aligned}$$

于是 $(120°-x)+\dfrac{60°-x}{2}=\dfrac{300°-3x}{2}=180°k$，$k$ 是一个整数. 由于 $0°<x<180°$，我们有 $150°>\dfrac{300°-3x}{2}>-120°$，所以 $\dfrac{300°-3x}{2}=0$，这意味着 $x=100°$.（注：当 $x=30°$ 或 $120°$ 时，x 的值不满足原方程，即使"极限"条件下也不满足方程.）

解法二 将 $\tan(120°-x)$ 写成 $\dfrac{\sin(120°-x)}{\cos(120°-x)}$，在原来的方程中将分子、分母展开，并交叉相乘，可得

$$\begin{aligned}&(\sin 120°\cos x-\sin x\cos 120°)(\cos 120°-\cos x)\\=&(\cos 120°\cos x+\sin 120°\sin x)(\sin 120°-\sin x).\end{aligned}$$

代入 $\sin 120°$ 和 $\cos 120°$ 的值，乘开并化简，我们得到 $-4\sin x = 2\sin 2x + 2\sqrt{3}\cos 2x$，进一步得到 $\sin(-x) = 2\sin(60° + 2x)$. 考虑所有可能的情形，只有 $x = 100°$ 满足条件.

4.2.3 个人题

1. 更一般地

$$\frac{(a+b)^3 - a^3 - b^3}{ab(a+b)} = \frac{3a^2b + 3ab^2}{ab(a+b)} = \frac{3ab(a+b)}{ab(a+b)} = 3$$

2. 由 $\left|(2C + 30°) - \left(\frac{9}{5}C + 32°\right)\right| \leqslant 1°$，我们得到 $-1° \leqslant \frac{C}{5} - 2° \leqslant 1°$，这意味着 $5° \leqslant C \leqslant 15°$，因此答案就是 $(5°, 15°)$.

3. 将第一个方程与第三个方程相加，$a + b + c + d = a + c$，这意味着 $b + d = 0$，于是 $d = -b$. 进一步得到 $c = -2b, a = -3b$，所以 $a + b + c + d = -5b$. 当 $b = 1$ 时，会出现最大的和 -5.（注：$(a, b, c, d) = (-3, 1, -2, -1)$.）

4. 通过模 3 可知 $3A + 3B + C$ 不可能是 3 的倍数，因此 $C \neq 0, 3, 9$. 为了保证原数是素数，$C \neq 2, 4, 5, 6, 8$，所以 $C = 1$ 或 7. 再模 11 可得

$$(2A + B + C) - (2B + A) = (A - B) + C = 4 + C$$

不可能是 11 的倍数. 因此 $C \neq 7$，所以 $C = 1$. 由于 $A - B = 4$ 且 A 是素数，我们必有 $(A, B) = (5, 1)$ 或 $(7, 3)$. 而 $C = 1$，那么答案必为 $(A, B, C) = (7, 3, 1)$. 这里的分析就说明只有 7 773 331 能满足所有的条件，可以验证这是一个素数.

5. 我们有

$$\begin{aligned} 2 &= \lg(k!)^2 - \lg(k-2)! - \lg(k-1)! \\ &= \lg \frac{k!k!}{(k-2)!(k-1)!} \end{aligned}$$

这意味着 $\lg 100 = \lg k^2(k-1)$，所以 $k^2(k-1) = 100 = 5 \cdot 5 \cdot 4$，因此 $k = 5$.

6. 显然 $f(x)$ 不会超过 2，如果 $\frac{x}{3}=90+360a$ 且 $\frac{x}{11}=90+360b$，我们就会得到 2，此时 $x=3(90+360a)=11(90+360b)$，这意味着 $3a-11b=2$. 此方程最小的非负解为 $b=2, a=8$，于是 $x=8\,910$.

7. 由 $x^2-x+y^2-y=0$，我们得到 $\left(x-\frac{1}{2}\right)^2+\left(y-\frac{1}{2}\right)^2=\frac{1}{2}$. 对最大的 x，令 $\left(y-\frac{1}{2}\right)^2=0$，于是 $x-\frac{1}{2}=\frac{1}{\sqrt{2}}$，那么 $x=\frac{1+\sqrt{2}}{2}$. 这个问题的一般形式是

$$x_1^2+x_2^2+\cdots+x_n^2=x_1+x_2+\cdots+x_n$$

会得到最大的 $x_1=\frac{1+\sqrt{n}}{2}$.

方程也可以表示一个 n 维的球，球心为 $\left(\frac{1}{2},\frac{1}{2},\ldots\right)$，半径为 $\frac{\sqrt{n}}{2}$. 当 $n=2$ 时，运用解析几何的方法得到圆最右边的点为 $\left(\frac{1+\sqrt{2}}{2},\frac{1}{2}\right)$.

8. 设边长分别是 $4n-1, 4n$ 和 $4n+1$，所以半周长 $s=6n$，由海伦公式可得面积为

$$A=\sqrt{6n(2n+1)(2n)(2n-1)}=2n\sqrt{3(2n+1)(2n-1)}$$

所以我们必有 $(2n+1)(2n-1)=3k^2$. 左边的因子都是奇数，所以它们不可能有公因子. 因此其中必有一个是奇数的完全平方（但不是 3 的倍数），而另一个是奇数的完全平方的 3 倍. 我们作一个小表格 4.2.

表 4.2

奇数的完全平方 （不是 3 的倍数）	奇数的完全平方 ± 2 （是一个奇数的完全平方的 3 倍）
1	3（$=3\times 1$）
25	27（$=3\times 9$）

在第一种情形中，我们有 $2n-1=1$，所以 $n=1$，将得到一个边长为 3, 4, 5 的三角形. 在第二种情形中，我们有 $2n-1=25$，所以 $n=13$，将得到一个边长为 51, 52, 53 的三角形，且其面积为 $A=1\,170$. 通常

解一个这样的三角形，将得到方程 $N^2-1=3k^2$（这是佩尔方程的一种形式），其中 N 是中间边长的一半（边长一定是偶数）. $N=2$ 的情形得到边长为 3, 4, 5 的三角形，$N=7$ 的情形得到边长为 13, 14, 15 的三角形，依此类推.

4.2.4 接力题 1

1. 第三条边的长必为 61，那么底边上的高为 60，面积为 660.
2. 我们有 $T=660, K=661$. 化简 $\frac{1}{2}\left(a+\frac{b+c}{2}\right)-\frac{1}{2}\left(\frac{a+b}{2}+c\right)=\frac{a-c}{4}$，此表达式的最大值为 $\frac{K-1}{4}$，即 165.
3. 我们有 $T=165$. 由于 $\left[\frac{n}{2}\right]\leqslant\frac{n}{2}$，且 $\left[\frac{n}{3}\right]\leqslant\frac{n}{3}$，等号成立当且仅当每个分数都是整数，因此 n 是 6 的倍数. 对 $1\leqslant n\leqslant T$，答案就是 $\left[\frac{T}{6}\right]$；对严格的不等式，答案就是 $\left[\frac{T-1}{6}\right]=\left[\frac{164}{6}\right]=27$.

4.2.5 接力题 2

1. 如果盒子的尺寸分别是 a, b, c，那么 $ab+ac=25$，这意味着 $a(b+c)=25$，所以 $a=5, b+c=5$. 因此 b, c 分别是 2, 3，所以 $bc=6$.
2. 我们有 $T=6, K=67$. 尝试一些这样的例子，我们可知 1, 2, 3 位数没有空格，4, 5, 6 位数有 1 个空格，依此类推，n 位数有 $\left[\frac{n-1}{3}\right]$ 个空格. 那么我们这里的数需要的空格数为 $\left[\frac{(K+5)-1}{3}\right]=\left[\frac{K+4}{3}\right]=\left[\frac{71}{3}\right]=23$.
3. 我们有 $k=23$. 显然三个小三角形都是等边三角形，其中两个较小的三角形是全等的. 如果 $PS=x$，那么 $PA=SB=\frac{20-x}{2}=PQ=SR$，且 $QR=CQ=20-\frac{20-x}{2}=\frac{20+x}{2}$. 因此 $k=\frac{60-x}{2}=23$，解得 $x=14$.

4.3　1991 年美国地区数学联赛

4.3.1　能力题

1. (1) 注意到 $\sin(180^\circ - A) = \sin A, \cos(180^\circ - A) = -\cos A$，所以 $\angle A$ 的补角是好的.

   (2) 容易知道 90° 是好的，而 45° 不是好的，因此 $\frac{1}{2}\angle A$ 不一定是好的. 而由 $\sin 2A = 2\sin A\cos A$ 和 $\cos 2A = \cos^2 A - \sin^2 A$ 可知 $2\angle A$ 一定是好的.

   (3) 设 $\angle A, \angle B$ 是好的，那么展开 $\sin(A + B)$ 和 $\cos(A + B)$ 可知 $\angle A + \angle B$ 是好的，类似地也可以证明 $\angle A - \angle B$ 是好的.

   (4) 设锐角 $\angle A$ 是好的，$\sin A = \frac{p}{q}, \cos A = \frac{r}{s}$（这里所有的分子、分母都是正整数）. 因此 $\sin A = \frac{ps}{qs}, \cos A = \frac{qr}{qs}$. 由于 $\sin^2 A + \cos^2 A = 1$，那么 $(ps)^2 + (qr)^2 = (qs)^2$. 因此，$\angle A$ 是边长为 ps, qr, qs 的毕达哥拉斯三角形的内角.

   (5) 由 (4) 可知，$\angle A$ 是一个毕达哥拉斯三角形的内角，进一步一定是一个本原毕达哥拉斯三角形（三条边的长都不能被大于 1 的数整除）的内角. 我们知道这样的三角形有一条偶数直角边，一条奇数直角边和一条奇数斜边. 因此 $\cos A$ 必定等于一个分母为奇数的分数.

   (6) 任意大于 1 的正的奇整数都可以是一个毕达哥拉斯三角形的直角边，而另外两条边可以是连续的整数.（以 7 为例

   $$7^2 = 49 = 25 + 24 = (25 + 24)(25 - 24) = 25^2 - 24^2$$

   三角形的边长是 7, 24, 25.）如果 $\angle A$ 所对的直角边的长度是奇数 k，那么另外两条边的长度可以是 $\frac{k^2 - 1}{2}$ 和 $\frac{k^2 + 1}{2}$. 于是 $\cos A = \frac{k^2 - 1}{k^2 + 1}$，当整数 k 足够大时，$\cos A$ 趋于 1，于是 $\angle A$ 趋于 0°.

2. (1) 考虑 $\triangle ABC$，其边长为有理数，且 $\angle A$ 是好的，我们来证明 $\angle B$ 也是好的. 由正弦定理可知 $\sin B = \frac{b}{a}\sin A$ 是有理数，由余弦定理

可知 $\cos B=\dfrac{a^2+c^2-b^2}{2ac}$ 也是有理数,因此 $\angle B$ 是好的.

(2) 如果我们将两个边长为 3, 4, 5 的直角三角形连接起来,使其长直角边重合,短直角边共线,我们就会得到一个边长为 5, 5, 6 的等腰三角形. 由于边长为 3, 4, 5 的三角形的每个角都是好的, 那么此等腰三角形的角也是好的. 此外, 由于边长为 3, 4, 5 的三角形的较小的内角小于 45°,我们的新三角形的顶角也是锐角,其周长为 16.（可以证明除边长为 3, 4, 5 的三角形外,没有一个整数边的三角形周长比它小.）

(3) 如果一个好的三角形的所有边长都是偶数,那么其面积必然是一个较小的与它相似的好的三角形的面积的偶数倍,这个较小的三角形的边长不全为偶数. 我们将证明这个较小的三角形的面积也是偶数. 因此, 我们假定好的三角形的边长不全为偶数. 每一个三角形都有一个锐角, 在我们的问题中, 该角为好的 $\angle A$, 于是 $\cos A=\dfrac{b^2+c^2-a^2}{2bc}$. 把这个式子约分以后,分母必然是奇数,所以原先的分子是偶数, 此时必然有两条边的长度是奇数, 于是三角形的周长是偶数. 应用海伦公式可知,此三角形的面积 S 是一个整数的平方根. 注意到 $S=\dfrac{1}{2}bc\sin A$,说明此面积是有理数, 于是此整数是一个完全平方数,那么此面积也是整数. 最后,我们来看海伦公式中的被开方数. 如果半周长 s 是偶数, 那么被开方数是偶数;如果 s 是奇数,那么被开方数中必有一个其他的因子是偶数（因为有两条边的长是奇数）,因此被开方数是偶数. 在每一种情形下,此完全平方数都是偶数,因此三角形的面积也是偶数.

3. 设此四边形是 $ABCD$, 我们来证明 $\angle A$ 是好的. 设 $AB=a, BC=b, CD=c, DA=d, BD=e$. 由于四边形 $ABCD$ 是共圆的, 那么 $\angle A$ 和 $\angle C$ 是互补的, $\cos C=-\cos A$. 现在

$$\cos A=\frac{a^2+d^2-e^2}{2ad}=\frac{a^2+d^2-[b^2+c^2-2bc(-\cos A)]}{2ad}$$

解得

$$\cos A=\frac{(a^2+d^2)-(b^2+c^2)}{2(ad+bc)}$$

这是一个有理数.

由于此四边形外切于一个圆，所以 $a+c=b+d$，因此半周长 $s=a+c=b+d$. 由婆罗摩笈多公式，圆内接四边形的面积为

$$S=\sqrt{(s-a)(s-b)(s-c)(s-d)}$$

（注意到令其一条边的长为 0，那么四边形变成三角形，我们想到了更熟悉的三角形面积公式.）在我们的问题中，$s=a+c=b+d$，那么 $S=\sqrt{abcd}$. 由于给定了 $abcd$ 是一个完全平方数，所以 S 是整数. 最后，注意到 $\sin C=\sin A$，那么 $S=\dfrac{1}{2}(ad+bc)\sin A$，所以 $\sin A=\dfrac{2S}{ad+bc}$. 由于 S 是整数，那么 $\sin A$ 是有理数，$\angle A$ 是“好的”，我们的四边形也是“好的”. 满足这些性质的具有最小周长的四边形的边长为 1, 2, 9, 8.

4.3.2　团队题

1. **解法一**　用两次鸽巢原理：必然有某个罐子至少包含 13 个弹珠，而其中至少有一个罐子中有 5 个弹珠的颜色相同.

   解法二　至少有 41 个弹珠的颜色是相同的，其中一个罐子至少包含 5 个相同颜色的弹珠.

2. 我们有如下算式

$$\begin{array}{r} ABBA \\ +CDDC \\ \hline EFGFE \end{array}$$

   显然 $E=1$，所以 $A+C=11$，那么 $F=1$ 或 2，于是 F 的最大值为 2，得到 $C=2$，所以 $N=12\,221$.（N 的另一个可能的值是 11 111.）

3. 我们有

$$\frac{\dbinom{n}{101}}{\dbinom{n}{100}}=\frac{n!100!(n-100)!}{101!(n-101)!n!}=\frac{n-100}{101}=k>1$$

取 $k=2$,我们得到 $n=302$.

4. 我们有

$$(x-1)(x^2+x+1)(x^6+x^3+1)=(x^3-1)(x^6+x^3+1)=x^9-1=10$$

这意味着 $x^9=11, x=\sqrt[9]{11}$.

5. 如图 4.3.1,我们可以画出等式方程两边函数的图像,来观察它们相交的次数.

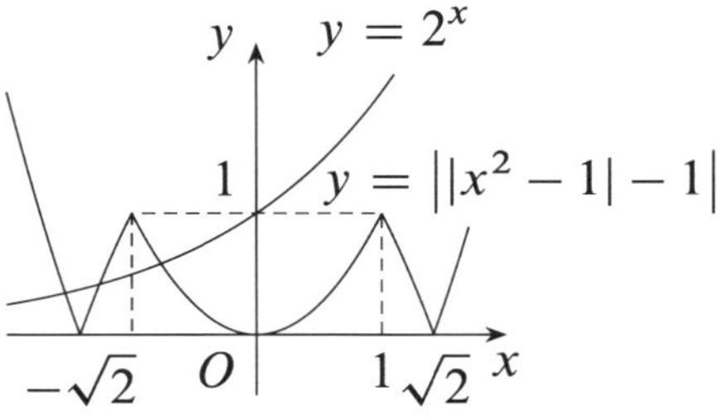

图 4.3.1

首先画抛物线 $y=x^2-1$, 再画 $y=|x^2-1|$, 将抛物线 $y=x^2-1$ 在 x 轴下方的部分反射到 x 轴上方, 向下平移一个单位得到 $y=|x^2-1|-1$,然后再画 $y=\left||x^2-1|-1\right|$,此图像在 x 轴上有 3 个极小值点,有两个极大值都等于 1,那么显然 $y=2^x$ 的图像与此图像相交于 3 个点.

6. 作 $\triangle ABC$,其中 $AB=9, AC=15, BC=x, \angle ACB=\theta, \angle ABC=2\theta$.

解法一 如图 4.3.2, 延长 AB 至点 D,使得 $BD=BC=x$. $\triangle BDC$ 的两个底角相等,且相加为 2θ,所以它们都等于 θ. 因此 $\triangle ADC \backsim \triangle ACB$,所以 $\dfrac{9+x}{15}=\dfrac{15}{9}, x=16$.

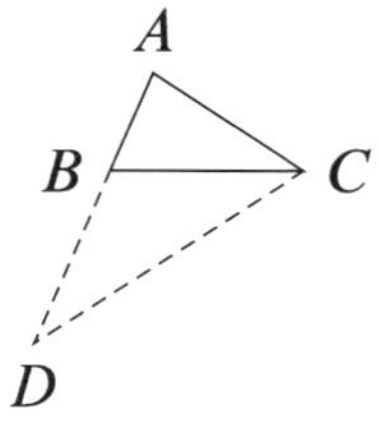

图 4.3.2

解法二 在 $\triangle ABC$ 中，$\frac{9}{\sin\theta}=\frac{15}{\sin 2\theta}$，所以 $\cos\theta=\frac{5}{6}$. 由余弦定理，$81=225+x^2-2\cdot 15x\cdot\frac{5}{6}$，所以 $x=9$ 或 16. 而 $x=9$ 使得 $\triangle ABC$ 是等腰三角形，进一步得到 $2\theta=90^\circ$，矛盾，因为 $9^2+9^2\neq 15^2$.

解法三 过点 A 作高，其长度为 h，将底边分成长度为 p（靠近点 B）和 q 的两段，那么

$$\frac{p}{9}=\cos 2\theta=2\cos^2\theta-1=2\left(\frac{q}{15}\right)^2-1$$

所以 $25p=2q^2-225$. 于是 $h^2=81-p^2=225-q^2$，由此得 $q^2=144+p^2$，所以 $25p=288+2p^2-225$，得到 $p=9$（不成立）或 $p=\frac{7}{2}$，于是 $q=\frac{25}{2}$，$x=16$.

7. **解法一** 由于半径为 1，那么长度为 1 的弦对应的弧为 60°，因此我们需要找到第一条小于 60° 的弧. 弧度数 $\widehat{P_1P_2}=180-2$，$\widehat{P_2P_3}=180-(2+4)=180-2(1+2)$，$\widehat{P_3P_4}=180-(2+4+6)=180-2(1+2+3)$. 一般地，弧度数 $\widehat{P_kP_{k+1}}=180-2(1+2+3+\cdots+k)=180-k(k+1)<60$，这意味着 $k(k+1)>120$，所以 $k=11$.

解法二 以长度为 2 的线段 AB 为直径重画此半圆，从点 B 处画一条弦，与直径的夹角为 1°（此弦的长度为 $2\cos 1^\circ$，这只需要将弦的另一个端点与点 A 相连得到一个直角三角形就能看出来）；从点 B 再画另一条弦，此弦在前一条弦的上方，且它与前一条弦的夹角为 2°（此弦的长度为 $2\cos(1+2)^\circ$，这只需要将弦的另一个端点与点 A 相连得到一个直角三角形就能看出来）；依此类推. 这里所画的弦与题目中最开始所给的弦具有相同的长度（通过比较这两组弦所对应的弧长即可）. 我们要找的弦长满足 $2\cos(1+2+3+\cdots+k)^\circ<1$，于是 $\cos\frac{k(k+1)}{2}<\frac{1}{2}$，那么 $\frac{k(k+1)}{2}>60$，所以 $k>10$.

8. 注意到 $x_n+\mathrm{i}y_n=(2\mathrm{e}^{\mathrm{i}60^\circ})^n=2^n\mathrm{e}^{\mathrm{i}60^\circ n}$.

解法一 我们有 $x_{19}+\mathrm{i}y_{19}=2^{19}\mathrm{e}^{\mathrm{i}60^\circ\cdot 19}=2^{19}\mathrm{e}^{\mathrm{i}1\,140^\circ}=2^{19}\mathrm{e}^{\mathrm{i}60^\circ}$，所以 $x_{19}=2^{19}\cos 60^\circ$，$y_{19}=2^{19}\sin 60^\circ$. 同理可得 $x_{91}=2^{91}\cos 60^\circ$，$y_{91}=$

$2^{91}\sin 60°$. 所以

$$x_{19}y_{91}+x_{91}y_{19}=2\cdot 2^{110}\cos 60°\sin 60°=2^{109}\sqrt{3}$$

故 $k=109$.

解法二 注意到

$$\begin{aligned}(x_{19}+\mathrm{i}y_{19})(x_{91}+\mathrm{i}y_{91})&=x_{19}x_{91}-y_{19}y_{91}+\mathrm{i}(x_{19}y_{91}+x_{91}y_{19})\\&=x_{19}y_{91}-y_{19}y_{91}+\mathrm{i}(2^k\sqrt{3})\end{aligned}$$

通过化成极坐标，我们有

$$\begin{aligned}(x_{19}+\mathrm{i}y_{19})(x_{91}+\mathrm{i}y_{91})&=2^{110}\mathrm{e}^{\mathrm{i}60°}\cdot 110\\&=2^{110}\mathrm{e}^{\mathrm{i}6\,600°}\\&2^{110}(\cos 120°+\mathrm{i}\sin 120°)\end{aligned}$$

在最开始的等式两边取虚部得到

$$2^k\sqrt{3}=2^{110}\sin 120°=2^{110}\cdot\frac{\sqrt{3}}{2}=2^{109}\sqrt{3}$$

所以 $k=109$.

9. 如图 4.3.3，$\sin\theta=\dfrac{x}{r}=\dfrac{h}{2r}$，所以 $x=\dfrac{h}{2}$，于是 $PQ=2x+m=h+m=8+\dfrac{18+30}{2}=32$. 试在基底向外画半圆，并找出这些圆弧中点之间的距离.

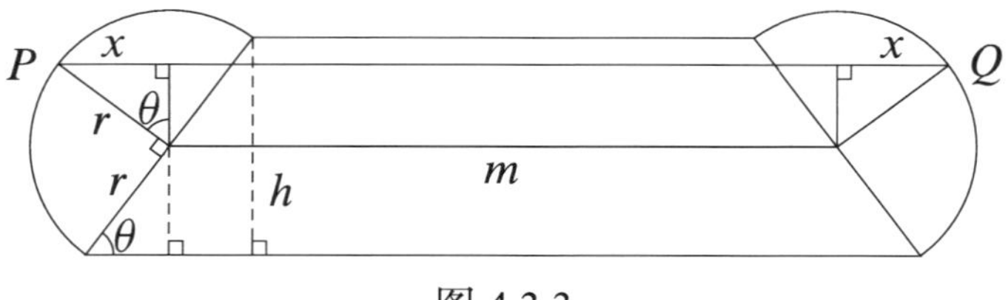

图 4.3.3

10. 我们要求出最小的正整数 x，使得 $a^2-p=x$ 是不可能的. 考虑 $a^2-x=p$，首先尝试 $x=y^2$（因为可以因式分解）. 方程 $(a+y)(a-y)=$

p 意味着 $a+y=p, a-y=1$,这说明 $a=y+1$,所以 $2y+1=p$. 使得此式不成立的最小的 y 是 $y=4$,所以 $x=16$. 要看是否有更小的 x 可以使用,我们需要尝试 $a^2-1=p, a^2-2=p, \cdots, a^2-15=p$. 这里容易得到各个方程的解(比如 $2^2-1, 5^2-2, 4^2-3, \cdots, 14^2-15$),所以答案为 16(如果素数大于完全平方数,这个问题有解吗?).

4.3.3　个人题

1. **解法一**　将所有方程加起来可得

$$A+2(B+C+D+\cdots+Y)+Z=25\cdot\frac{26}{2}=325$$

所以 $2(A+B+\cdots+Z)-A-Z=325$. 将方程隔项相加可得

$$\begin{aligned}A+B+C+D+\cdots+Y+Z&=1+3+5+\cdots+25\\&=13^2=169\end{aligned}$$

于是 $2\cdot169-A-Z=325$,所以 $A+Z=13$.

解法二　将各个方程交替相加与相减可得

$$\begin{aligned}&(A+B)-(B+C)+(C+D)-\cdots-(X+Y)+(Y+Z)\\=&1-2+3-\cdots-24+25\end{aligned}$$

所以 $A+Z=13$.

解法三　我们有 $B=1-A, C=2-B=1+A, D=3-C=2-A, E=2+A, \cdots, Z=13-A$,所以 $A+Z=13$.

解法四　因为变量比方程多,我们可以为字母指定任意值. 例如:令 $A=0$,则 $B=1, C=1, D=2, E=2, \cdots, Z=13$,所以 $A+Z=13$.

2. 原式左边等于

$$\frac{(3-1)(3+1)}{3\cdot3}\cdot\frac{(4-1)(4+1)}{4\cdot4}\cdots\frac{(1\,991-1)(1\,991+1)}{1\,991\cdot1\,991}=\frac{2}{3}\cdot\frac{1\,992}{1\,991}$$

于是 $\dfrac{2}{3}\cdot\dfrac{1\,992}{1\,991}=\dfrac{x}{1\,991}$,那么 $x=1\,328$.

3. 由于面积 $S=\dfrac{ab}{2}=4$，可得 $ab=8$，于是

$$\begin{aligned}\sin 2A&=2\sin A\cos A=2\cdot\frac{a}{12}\frac{b}{12}\\&=\frac{ab}{72}=\frac{8}{72}=\frac{1}{9}\end{aligned}$$

4. 以点 $P(-5,0)$ 为圆心，过点 $Q(5,0)$ 作一个圆，再作直线 $y=6$. 显然 $(0,6)$ 是满足条件的一个点. 此圆与直线 $y=6$ 交于另外两个也满足条件的点，解方程组 $(x+5)^2+y^2=100, y=6$，可得 $x=3,-13$. 最后考虑以点 Q 为圆心，过点 P 的圆，并且经过直线 $y=6$，可以得到另外两个满足条件的点的横坐标 $x=-3,13$. 因此最后的答案是 $x=0,\pm3,\pm13$.

5. **解法一** 原分数等于

$$\begin{aligned}\frac{9\cdot3^{29}+4\cdot2^{29}}{3^{29}+2^{29}}&=\frac{8(3^{29}+2^{29})+3^{29}-4\cdot2^{29}}{3^{29}+2^{29}}\\&=8+\frac{3^{29}-2^{31}}{3^{29}+2^{29}}\end{aligned}$$

显然最后的分数是一个小于 1 的正数，所以答案是 8.

解法二 由长除法

$$\begin{array}{r|l}
 & \quad 9 \\ \cline{2-2}
3^{29}+2^{29} & 3^{31} \qquad\qquad\quad +2^{31} \\
 & 3^{31}+9\times2^{29} \\ \cline{2-2}
 & \qquad -9\times2^{29}+2^{31}=-5\times2^{29}
\end{array}$$

商为 $9-\dfrac{5\times2^{29}}{3^{29}+2^{29}}$. 容易得到最后的分数小于 1，所以答案为 8.

6. 如图 4.3.4，画出第一个函数的图像，它与直线 $y=8$ 的交点为 $(-2,8)$ 和 $(6,8)$，我们得到一个梯形，它的两底为 2 和 8，高为 6. 所求的面积为 $\dfrac{1}{2}\times6(8+2)=30$.

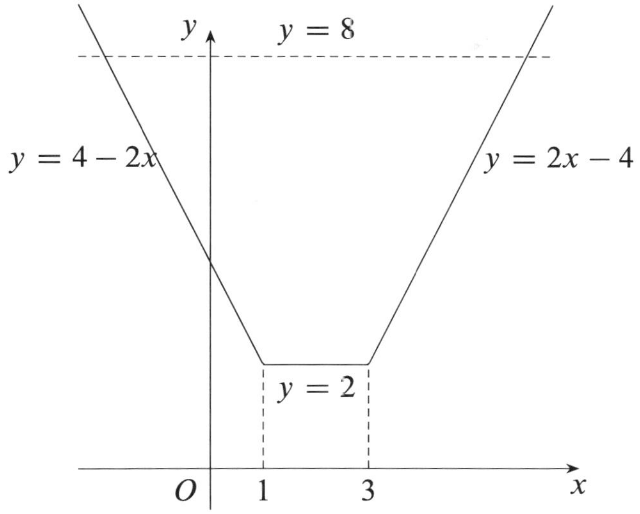

图 4.3.4

7. 设 $AQ = x$，我们有 $AR = 5 - x$, $BR = 3$. 利用余弦定理可得每个小三角形的边长，再由勾股定理可得

$$(2^2 + 3^2 - 2 \cdot 3) + (2^2 + x^2 - 2x) = [3^2 + (5 - x)^2 - 3(5 - x)]$$

于是得到 $x = \dfrac{8}{5}$.

8. 考虑 $N = a^k - b^k + c^k$. 由于 $a^k - b^k$ 能被 $a - b$ 整除，N 能被 $a - b$ 和 c^k 的最大公约数整除. 因此 N 能被 $\gcd(85 - 21, 6^9) = \gcd(64, 6^9) = 2^6$ 整除. 类似地，N 能被 $\gcd(21 - 6, 85^9) = 5$ 整除. 进一步，当 k 是奇数时，$a^k + c^k$ 能被 $a + c$ 整除，因此 N 也能被 $\gcd(85 + 6, 21^9) = 7$ 整除. 由于我们找出的这些因子是互素的，N 一定能被 $2^6 \cdot 5 \cdot 7 = 2\,240$ 整除. 事实上，$N = 231\,616\,152\,013\,234\,240 = 2^6 \times 5 \times 7 \times 79\,699 \times 1\,297\,382\,249$（最后两个因子是素数）.

4.3.4　接力题 1

1. 如果答案为 N，那么

$$N = 100h + 10t + u, 7 \mid N, 7 \mid (h + t + u)$$

这意味着 $7 \mid (99h + 9t)$，所以 $7 \mid 9(11h + t)$，进一步得到 $7 \mid (11h + t)$. 取 $h = 1$，我们得到 $t = 3$. 于是 $7 \mid (1 + 3 + u)$，这意味着 $u = 3$，所以

$N=133$. 当然,从 105 开始并重复加 7 可以快速得到答案.

2. 我们有 $T=133, B=3$,所以

$$B^{\lg 4+\lg 25}=B^{\lg 100}=B^2=(T-130)^2=9$$

3. 我们有 $T=9$.

解法一 设直角边的长为 a,b,那么 $ab=2T$ 为常数. 于是当 $a=b=\sqrt{2T}$ 时,斜边长有最小值 $\sqrt{a^2+b^2}=\sqrt{4T}=2\sqrt{T}=6$.

解法二 当斜边最短时,此斜边上的高最长. 考虑此斜边上的一个半圆,直角三角形的第三个顶点必然在半圆上,高最长时的三角形是等腰三角形.

解法三 设斜边长为 c. 给定两个正数,它们的算术平均数不小于其几何平均数. 于是 $\dfrac{a^2+b^2}{2}\geqslant\sqrt{a^2b^2}=ab$, 这意味着 $\dfrac{c^2}{2}\geqslant 2T$, 所以 $c\geqslant 2\sqrt{T}=6$.

4.3.5 接力题 2

1. 由 $6p\cdot qr=\dfrac{c}{a}\dfrac{a}{c}=1$,我们得到 $pqr=\dfrac{1}{6}$. 可以证明第二个方程的根是第一个方程的根的倒数,这也表明四个根的乘积为 1.

2. 我们有 $T=\dfrac{1}{6}, L=6$. 设 $AE=2x=CE$,那么 $BE=x=DE$,所以 $CD=CE-DE=x=\dfrac{L}{3}=12T=2$.

3. 我们有 $Q=2$. 设从点 $P(a,b)$ 到圆心的距离为 $\sqrt{k}$,其中 $k>31$. 由于 P 是一个格点,且 k 是一个整数. 尝试 $k=32$,我们有 $(a-1)^2+(b-2)^2=32$,所有可能的解为 $a-1=\pm4, b-2=\pm4$. 这相应于点 $(5,6),(-3,6),(-3,-2),(5,-2)$. 在第二象限中,最近的点是 $(-3,6)$.

4.4　1992 年美国地区数学联赛

4.4.1　能力题

1. 面积公式可以利用行列式或者通过矩形包围三角形得到.

   (1) 由于至少有两个横坐标的奇偶性相同, 它们的差能被 2 整除, 故 K 为整数.

   (2) 假定 $a<b<c, K=p$ (素数), $b-a=e, c-b=f, c-a=e+f$, 于是 $2p=ef(e+f)$. 至少有一个因子是 1, 不妨设 $e=1$, 那么 $f(f+1)=2p$. 如果 $f=1$, 那么 $2=2p$, 这不可能, 所以 $f=2, p=3$.

   (3) 设 $ef(e+f)=2p^2$. 设 $e=1$, 那么 $f(f+1)=2p^2$. 如果 $f=1$, 那么 $2=2p^2$, 这不可能. 如果 $f=2$, 那么 $6=2p^2$, 也不可能. 如果 $f=p$, 那么 $f+1=2p$, 也不可能. 设 $e=2$, 那么 $f(2+f)=p^2$, $f=1$ 或 $f=p$ 都不可能.

   (4) 一条对角线将四边形分成两个三角形, 每个三角形的面积都是整数. 每一对和为 8 的正整数中至少有一个整数是完全平方数, 或者是不等于 3 的素数 (不可能).

2. 斜率为 $k=\dfrac{a^2-b^2}{a-b}=a+b$.

   (1) 设两个点分别为 (a,a^2) 和 $(b;b^2)$, 那么由 $\dfrac{5-a^2}{3-a}=a+b$ 可得

   $$b=\frac{5-3a}{3-a}=3+\frac{4}{a-3}$$

   分别尝试 $a-3=\pm1,\pm2,\pm4$ 可得满足 $a\neq b$ 的两对值 $a=-1, b=2$ 或 $a=4, b=7$. 这两对点分别为 $(-1,1),(2,4)$ 或 $(4,16),(7,49)$.

   (2) 设“下”抛物线上的两个点为 $(a,-a^2),(b,-b^2)$, “上”抛物线上的点为 (c,c^2), 那么

   $$\frac{4+b^2}{2-b}=\frac{4+a^2}{2-a}=2+c$$

由第一个等式可得 $b=\frac{2a+4}{a-2}=2+\frac{8}{a-2}$. 考虑 $a-2=\pm1,\pm2,\pm4,\pm8$，将得到满足 $a\neq b$ 的四对值，分别为 $a=3,b=10$；$a=-6,b=1$；$a=4,b=6$ 和 $a=-2,b=0$. 在每种情形下求出 c（排除 $c=0=b$ 的情形），我们得到三个三元点组 $(3,-9),(10,-100),(-15,225)$；$(1,-1),(3,9),(-6,-36)$；$(4,-16),(6,-36),(-12,144)$. 一般地，如果一条直线经过 $y^2=x^4$ 上的四个格点，其横坐标分别为 a,b,c,d，且 $a<b<c<d$，那么我们可以证明 $a+b+c+d=0$，且 $ab=-cd$.

3. (1) 注意到 AB 和 AD 的斜率分别为 $a+b$ 和 $a+d$，然后利用两角差的正切公式，即可得到 $\tan A$ 的值.

(2) **解法一** 如果四边形 $ABCD$ 是共圆的，那么其对角是互补的. 于是由 $\tan A=-\tan C$ 可得 $(a+b)(a+d)=(c+b)(c+d)$，化简可得 $a+b+c+d=0$.

解法二 解代数方程组

$$\begin{cases}(x-h)^2+(y-k)^2=r^2\\ y=x^2\end{cases}$$

我们将第一个方程中的 y 换成 x^2，不需要乘开，我们可以得到一个关于 x 的四次方程，且不含三次方项，因此方程所有根的和为 0. 而这些根是交点的横坐标，即 a,b,c,d（注：如果四边形各边的斜率依次为 m_1,m_2,m_3,m_4，那么上述结论等价于一些有趣的等式：$m_1m_2=m_3m_4$；$m_2m_3=m_1m_4$；$m_1=-m_3,m_2=-m_4$（这里四边形对边的关系式是由前面的两个式子所得）；$m_1+m_2+m_3+m_4=0$. 一般情形下可以证明，对抛物线 $y=px^2+qx+r$ 上共圆的四点，其各点横坐标的和必然等于抛物线顶点横坐标的四倍. 试着证明：如果一个四边形的四个顶点共圆，且其顶点是抛物线 $y=x^2$ 上的格点，那么此四边形的内角都不是直角.）要证明反过来的结论，注意到前面的证明中的每一步都是可逆的，于是得到 $\angle A$ 和 $\angle C$ 是互补的，所以四边形 $ABCD$ 是共圆的. 注意到即使顶点不是格点，这些结论也照样成立.

(3) 设四个点的横坐标分别为 a, b, c, k，那么 $a+b+c+k=0$ 说明 $k=-(a+b+c)$ 是一个整数，于是第四个点 (k, k^2) 是一个格点. 所以第四个点是 (k, k^2)，这是一个格点.（经过三个格点的圆并不一定会和抛物线交于第四个点. 特别地，如果 $a+2b+2c=0$，那么过点 A, B, C 的圆与抛物线在点 C 处相切. 这里有一个好方法，可以仅利用尺规在给定的抛物线 $y=x^2$ 上任意一点 C 处作出其切线. 平分抛物线的平行弦可以得到一条平行于其对称轴的直线，作一条此直线的垂线，再过点 C 作一条此垂线的垂线（设垂足为 C'）；在此垂线上点 C' 的两边分别取两点 P', Q'，使得 $P'C'=C'Q'$. 现在过点 P', Q' 作 $P'Q'$ 的垂线与抛物线分别交于点 P 和 Q，其横坐标分别为 p 和 q. 由于 PQ 的斜率为 $p+q=2c$，那么在点 C 处的切线的斜率也必须是 $2c$（利用微积分），那么过点 C 且与 PQ 平行的直线就是所求的切线. 虽然这里的方法是针对抛物线 $y=x^2$ 的，但实际上它对任意给定的抛物线都是适用的，因为可以证明 PQ 的斜率一定要等于点 C 处的切线斜率.）

4.4.2　团队题

1. **解法一**　显然这些数的平均数为 33 333，于是它们的和为 $120 \times 33\,333 = 3\,999\,960$.

   解法二　这 120 个数字的每一个位数上的每个数字恰好出现 24 次，所以所求的和为 $24(1+2+3+4+5)(10\,000+1\,000+100+10+1) = 24 \times 15 \times 11\,111 = 3\,999\,960$.

2. 点 A 和 B 的坐标满足题中的两个方程，所以它们必然满足这两个方程的差，即

$$10x-10y-71=0$$

   此直线的斜率为 1. 或者，通过配方，我们可以获得两个圆的圆心，公共弦 AB 垂直于两圆心的连线.

3. 设梯形的两条高的长度都为 h，将下底分成了长度为 $x, 3, x$ 的三段. 通过比较面积可得 $\frac{1}{2}hx=3h$，所以 $x=6$. 当梯形的腰等于 $x+1=7$

时，梯形的周长最小，最小周长为 $7+3+7+15=32$.

4. 当 b^2-4ac 是一个完全平方数时，我们希望 $144b^2-16kac$ 也是一个完全平方数. 由于 $144b^2-16kac=144\left(b^2-\frac{k}{9}ac\right)$，那么当 $k=36$ 时，它一定是一个完全平方数.

5. 函数 $y=\sin x^\circ+\cos x^\circ=\sqrt{2}\sin x^\circ\cos 45^\circ+\sqrt{2}\cos x^\circ\sin 45^\circ=\sqrt{2}\sin(x^\circ+45^\circ)$ 的图像是正弦曲线，且在 $x=45$ 时取到最大值. 将此图像与 $y=\tan x^\circ$ 的图像比较，我们发现后者在 $x=45$ 时较小，而在 $x=60$ 时较大. 边长为 3, 4, 5 的三角形中的锐角大约是 37° 和 53°，我们得到 $\tan 53^\circ<\sin 53^\circ+\cos 53^\circ$. 等号在 $x=53$ 和 $x=60$ 之间的某个值取到，所以 $\left[\frac{x}{10}\right]=5$（等号实际发生在 $x=54$ 和 $x=54.5$ 之间）.

6. 设点 P, Q 分别是中线 AD, BE 的中点，且设这两条中线交于点 G. 设 $GD=2x$，我们有 $AG=4x, AP=3x$，所以 $PG=x$. 由于 $PQ/\!/AB$，故 $\triangle PQG\backsim\triangle ABG$，且相似比为 $1:4$. 因此 $S_{\triangle PQG}=\frac{1}{16}S_{\triangle ABG}$. 类似地，可得 $S_{\triangle PQR}=\frac{1}{16}S_{\triangle ABC}=\frac{1}{6}\cdot 1\,024=64$.

7. 将第一个因子写成 $\frac{999\,999\,999\,999}{9}$，我们可得被开方数为

$$\begin{aligned}\frac{10^{12}-1}{9}\cdot(10^{12}+5)+1&=\frac{(10^{24}+4\cdot 10^{12}-5)+9}{9}\\&=\frac{10^{24}+4\cdot 10^{12}+4}{9}\\&=\frac{10^{12}+2}{9}\end{aligned}$$

因此其平方根为

$$\frac{10^{12}+2}{3}=\frac{10^{12}-1+3}{3}=\frac{999\,999\,999\,999+3}{3}=333\,333\,333\,334$$

8. 在复平面上以原点 O 为圆心画一个单位圆，我们知道单位圆上表示 n 次单位根的点是一个正 n 边形的 n 个顶点. 点 P 和 Q 分别

表示复数 z 和 $z+1$，PQ 平行于 x 轴，其中 P 在 y 轴左侧，且 $PQ=1=OP=OQ$，所以 $\angle POQ=60°$. 注意到中心角的位置，我们可知此 n 边形的其他顶点分别为点 $A(1,0), B(-1,0)$，以及分别代表复数 $-z$ 和 $-(z+1)$ 的点 P' 和 Q'. 注意到 P, A, Q' 一定表示 1 的立方根，所以 $z^3=1$. 如果在 $\widehat{PQ}$ 上还有额外的顶点，那么在其他五段弧上也有相应的顶点. 因此，n 是 6 的倍数，而 n 也是 5 的倍数，最小可能的 n 是 30，所以 $n+z^3=31$.

9. 如图 4.4.1，设 $\odot Q$ 与半圆切于点 C，与 AB 切于点 D. $QD=x, OC=1, PO=\frac{1}{2}, PQ=\frac{1}{2}+x$，作 $QE\perp PO$ 于点 E，设 $QE=y$. 注意到 $OQ=1-x, EO=QD=x, PE=\frac{1}{2}-x$. 于是 $(1-x)^2-x^2=y^2=\left(\frac{1}{2}+x\right)^2-\left(\frac{1}{2}-x\right)^2$，这意味着 $1-2x=2x$，所以 $x=\frac{1}{4}$.

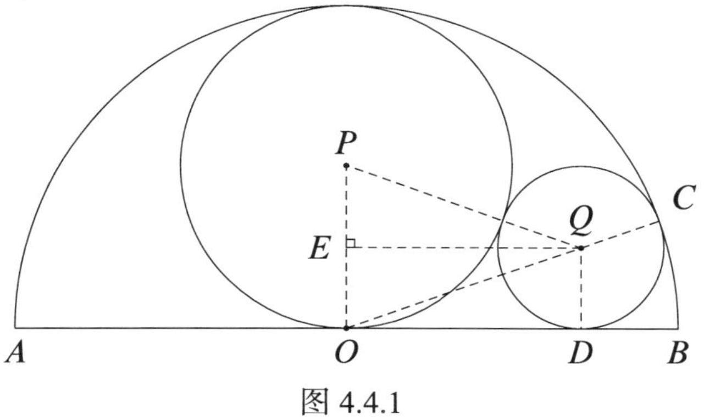

图 4.4.1

10. 设 $PQ=d, d^2=s$. 我们将通过最小化 s 来找到这些斜线之间的距离. xOy 平面的直线 $y=-x+1$ 上的任意点 P 的坐标为 $(x_1,-x_1+1,0)$，xOz 平面的直线 $z=-2x+1$ 上的任意点 Q 的坐标为 $(x_2,0,-2x_2+1)$. 这两点之间距离的平方为

$$\begin{aligned}s&=(x_2-x_1)^2+(x_1-1)^2+(-2x_2+1)^2\\&=5x_2^2+2x_1^2-2x_1x_2-2x_1-4x_2+2\\&=2x_1^2-x_1(2x_2+2)+(5x_2^2-4x_2+2)\end{aligned}$$

暂时将点 Q 看成固定点，那么 s 是 x_1 的二次函数，注意到抛物线 $y=Ax^2+Bx+C$ 的顶点为 $\left(-\frac{B}{2A},-\frac{B^2-4AC}{4A}\right)$，所以 s 的最小值为

$$s=-\frac{(2x_2+2)^2-8(5x_2^2-4x_2+2)}{8}=\frac{9}{2}x_2^2-5x_2+\frac{3}{2}$$

对任意给定的 x_2，这就给出了 s 的最小值. 最后，我们让点 Q 变动，显然当 $x_2=\frac{5}{9}$ 时，s 取最小值 $-\frac{25-27}{18}=\frac{1}{9}$，此时 $d=\frac{1}{3}$.

4.4.3 个人题

1. 如果我现在的年龄是 x 岁，那么 $(x-21)(x+21)=p^3$，这意味着 $x-21=1, x+21=p^3$（这是不可能的），或者 $x-21=p, x+21=p^2$. 后者通过相减，可得 $p^2-p=p(p-1)=42$，于是 $p=7, x=28$.

2. 如图 4.4.2，由于四边形的两条对角线是互相垂直的，我们有

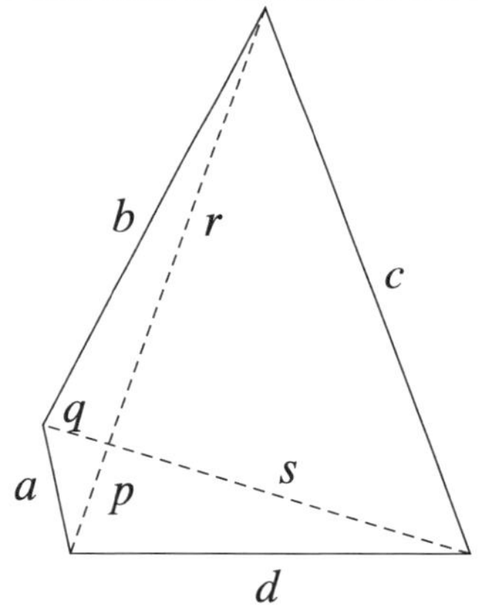

图 4.4.2

$$a^2+c^2=(p^2+q^2)+(r^2+s^2)$$
$$b^2+d^2=(q^2+r^2)+(s^2+p^2)$$

所以 $a^2+c^2=b^2+d^2$. 于是 $2^2+9^2=6^2+x^2, x=7$.

3. 我们有 $100A+10B+C=22(A+B+C)$，可得 $26A=4B+7C$. 由于 $4B+7C$ 不可能超过 $36+63=99$，故 A 不可能超过 3. 取 $A=3$，容易得到 $B=9, C=6$，此时有 n 的最大可能值为 396.

4. 把 n 全部列完的时候，总项数为 $1+2+3+\cdots+n=\dfrac{n(n+1)}{2}$. 求最大的 n，使得 $\dfrac{n(n+1)}{2}<1\,992$，我们有 $n(n+1)<3\,984$. 很容易得到 $n=62$（注意到 $62\cdot 63=3\,906, 63\cdot 64=4\,032$），于是第 1 992 项为 63.

5. 对固定的 n，$|x|+|y|=n$ 表示一个顶点在 $(n,0),(-n,0),(0,n),(0,-n)$ 的正方形，且此图像包含坐标轴上的四个格点，在每个象限内有 $n-1$ 个格点，共有 $4(n-1)+4=4n$ 个格点，所以

$$\begin{aligned}&L_1-L_2+L_3-L_4+\cdots+L_{999}-L_{1\,000}\\=&4(1-2+3-\cdots+999-1\,000)\\=&4\times(-500)=-2\,000.\end{aligned}$$

6. 过三角形的顶点作一条高，我们有

$$\sin x=\frac{\cos 7x}{2\cos x}$$

这意味着 $2\sin x\cos x=\cos 7x$，所以 $\sin 2x=\cos 7x$. 由于 $0<x<90$ 且 $\cos 7x$ 为正的，那么有三种可能：

(1) 由不等式 $0<7x<90$ 可得 $\cos 7x=\sin 2x$，于是 $7x+2x=90, x=10$.

(2) 不等式 $270<7x<360$ 意味着 $\cos 7x=\cos(360-7x)=\sin 2x$（$2x$ 为锐角）或者 $\cos(360-7x)=\sin(180-2x)$（$2x$ 为钝角），前者导致 $(360-7x)+2x=90$，所以 $x=54$（舍去，因为 $2x$ 不是锐角）. 后者导致 $(360-7x)+(180-2x)=90, x=50$.

(3) 由不等式 $360<7x<450$ 可得 $\cos 7x=\cos(7x-360)=\sin(180-2x)$（$2x$ 必为钝角），于是 $(7x-360)+(180-2x)=90, x=54$.

7. 将原方程移项以后配方可得

$$\left(x-\left([x]+\frac{1}{2}\right)\right)^2+y^2=\frac{1}{4}$$

考虑 x 落在每个区间 $[n, n+1)$ 上（n 为整数），在每个区间中，我们得到一个圆心为 $\left([x]+\frac{1}{2}, 0\right)$，半径为 $\frac{1}{2}$ 的圆. 因此，此图像由一系列圆心在 x 轴上互相外切的圆组成. 直线 $y=\frac{1}{5}x$ 过原点和点 $\left(\frac{5}{2}, \frac{1}{2}\right)$，这是其中某个圆的最高点，因此这两个图像的交点有 11 个.

8. 我们来解决一般的情形. 设 $AD=a, AB=b, AE=c, AC=d, AF=x, AT=y$，且 $\angle BAT=\angle CAT=\theta$. 我们有

$$\frac{S_{\triangle DAE}}{S_{\triangle BAC}}=\frac{S_{\triangle DAF}+S_{\triangle EAF}}{S_{\triangle BAT}+S_{\triangle CAT}}$$

这意味着

$$\frac{\frac{1}{2}ac\sin 2\theta}{\frac{1}{2}bd\sin 2\theta}=\frac{\frac{1}{2}ax\sin\theta+\frac{1}{2}cx\sin\theta}{\frac{1}{2}by\sin\theta+\frac{1}{2}dy\sin\theta}.$$

因此我们有 $\frac{ac}{bd}=\frac{x(a+c)}{y(b+d)}$，所以 $\frac{x}{y}=\frac{ac(b+d)}{bd(a+c)}$. 于是在这里 $AF:AT=5:18$. 注意这里的 $x:y$ 不是由 $a:b$ 和 $c:d$ 决定的.

4.4.4 接力题 1

1. 由于 13 和 31 都是素数，我们需要找到这两个素数的倍数，且其差小于 5. 容易发现 62 和 65 是满足此性质的最小正整数，所以这五个连续的正整数是 61, 62, 63, 64, 65.

2. 我们有 $T=61, K=4$. 因此，$(1-\mathrm{i})^{2K}=[(1-\mathrm{i})^2]^K=(-2\mathrm{i})^K=(-2\mathrm{i})^4=16$.

3. 我们有 $T=16$. 由于三角形的每条边只能是正方体的边、面对角线和体对角线，满足条件的周长只能是 $T+T+\sqrt{2}T=(2+\sqrt{2})T, T+\sqrt{2}T+\sqrt{3}T=(1+\sqrt{2}+\sqrt{3})T$ 或者 $T\sqrt{2}+T\sqrt{2}+T\sqrt{2}=3\sqrt{2}T$，经过比较可知最大的周长为 $3\sqrt{2}T=48\sqrt{2}$.

4.4.5　接力题 2

1. 设 n 是一个解，如果 n 只有两个因子，那么它必然为素数. 如果 n 有奇素数个因子，它必然形如 p^{q-1}，p 和 q 都是素数，且 q 是奇数. 检验 124, 123, 122, 121，容易得到 $121 = 11^2$ 恰有三个因子.
2. 我们有 $T = 121, K = 11$，因此 $\log_4 n = \dfrac{\lg n}{\lg 4} = \dfrac{\lg n}{2\lg 2} = \dfrac{1}{\dfrac{2\lg 2}{\lg n}} = \dfrac{1}{2K} = \dfrac{1}{22}$.
3. 我们有 $T = \dfrac{1}{22}, r = 22$. 于是

$$\begin{gathered}F(0) = 1 \\ F(1) = x \cdot 1 + 1 = x + 1 \\ F(2) = x(x+1) + 1 = x^2 + x + 1 \\ \vdots \\ F(r) = x^r + x^{r-1} + \cdots + x + 1\end{gathered}$$

于是 $(x-1)F(r) = x^{r+1} - 1 = x^{23} - 1$.

4.5　1993 年美国地区数学联赛

4.5.1　能力题

1. (1) ① $x_2 = 50.320\,000, x_{12} = 8.000\,000$，其极限值为 $8(= \sqrt{64})$.
   ② $x_2 = 66.668\,800, x_{12} = 4.000\,001$，其极限值为 $4(= \sqrt[3]{64})$.
   ③ $x_2 = 8.944\,271, x_{12} = 4.000\,003$，其极限值为 $4 = (\sqrt[3]{64})$.

   (2) $x_{n+1} = \dfrac{1}{5}\left(4x_n + \dfrac{64}{x_n^4}\right)$. 在取极限的过程中，我们令 $x_{n+1} = x_n = k$，可得 $k = \dfrac{1}{5}\left(4k + \dfrac{64}{k^4}\right)$，可得 $k^5 = 64$，因此 k 是 64 的五次方根. 实际上，我们可以利用 $x_{n+1} = \dfrac{1}{2}\left[(a-1)x_n + \dfrac{64}{x_n^4}\right]$.

2. (1) 我们有 $\cos\dfrac{\theta}{2}=\cos\angle NOP=d_{n+1}$,而

$$\cos\frac{\theta}{2}=\sqrt{\frac{1+\cos\theta}{2}}=\sqrt{\frac{1+\cos\angle MOP}{2}}=\sqrt{\frac{1+d_n}{2}}$$

虽然我们为你引导了这个方法,但其实也有其他方法.

(2) 由于 PO 是直角 $\triangle A_{n+1}PQ$ 的中线,故 $S_{\triangle A_{n+1}PQ}=2S_{\triangle A_{n+1}PO}$. 而 $S_{\triangle A_{n+1}PQ}=\dfrac{1}{2}x_n\cdot 2=x_n$, $S_{\triangle A_{n+1}PO}=\dfrac{1}{2}d_{n+1}\cdot 2x_{n+1}=d_{n+1}x_{n+1}$. 于是 $x_n=2d_{n+1}x_{n+1}$. 其他方法可能需要用到勾股定理.

(3) 由 (2)可得

$$\frac{S_n}{d_{n+1}}=\frac{2^{n+1}x_n}{\dfrac{x_n}{2x_{n+1}}}=2^{n+2}x_{n+1}=S_{n+1}$$

(4) $S_1=2.828\,4\cdots$, $S_7=3.141\,5\cdots$,我们发现 S_n 趋于 π. 此外, S_n 是一系列弧长之和等于圆的半周长的弦长之和,随着 n 的增加,弦的数目加倍,每条弦长更接近它对应的弧长, S_n 的极限就是半径为 1 的圆的半周长 π.

3. (1) 1, 3, 4, 7, 11, 18, 29, 47(这些数称为卢卡斯数).

(2) $L_{n+1}=r^{n+1}+s^{n+1}=(r^n+s^n)(r+s)-rs(r^{n-1}+s^{n-1})=L_nL_1-(-1)L_{n-1}=L_n+L_{n-1}$.

(3) 1.61, 2.61, 4.23, 6.85, 11.09, 17.94, 29.03, 46.97. 猜测

$$L_n=\begin{cases}[r^n], & n\text{ 为奇数}\\ [r^n=1], & n\text{ 为偶数}\end{cases}$$

或

$$L_n=\begin{cases}\left[r^n+\dfrac{1}{2}\right], & n>1\\ 1, & n=1\end{cases}$$

其中 $[x]$ 表示不超过 x 的最大整数. 或者 L_n 为最接近 r^n 的整数.

(4) 43 位数.（$L_{201} \approx r^{201} \approx 1.0151 \times 10^{42}$.）

(5) 假定 $r^n \geqslant 10^{20}$，那么 $n\lg r \geqslant 20, n \geqslant \dfrac{20}{\lg r} \approx 95.6$，满足条件的最小的 n 为 96. 使得 L_n 有 200 位数的最小的 n 为 953.

(6) 用类似于上面的方法，我们可以证明 $F_n \approx \dfrac{r^n}{\sqrt{5}}$. 那么 $\dfrac{r^n}{\sqrt{5}} \geqslant 10^{20}$ 意味着 $n\lg r - \dfrac{1}{2}\lg 5 \geqslant 20$，所以 $n \geqslant \dfrac{20+\frac{1}{2}\lg 5}{\lg r} \approx 97.3$，满足此条件的最小的 $n = 98$. 由于 $\dfrac{r^{98}}{\sqrt{5}} \approx 1.353\,0 \times 10^{20}$，故 F_{98} 的前四位数字为 1 353.

4.5.2　团队题

1. 将算式的列从右到左编号为 1~5，从第 4 列到第 5 列可得 $A+1 = U+10, A = U+9$，于是 $A = 9, U = 0, Y = L+1$. 对第 1 列，或者 $Y+L = A = 9$，或者 $Y+L = A+10 = 19$（这是不可能的），所以 $L = 4, Y = 5$. 对第 2 列和第 3 列，或者 $R+I = C, R+G = C+10$（这导致 $G-I = 10$，不可能），或者 $R+I = C+10, R+G+1 = C+10$（这导致 $I = G+1$）；注意到这里 $R+G > 10$，且 $C = R+I-10$. 最后我们考虑 G 的剩下的情形（$1, 2, 3, 6, 7, 8$），然后来决定 I, R, C，容易发现可能的情形只有 $(I, R) = (3, 8)$ 或 $(8, 3)$，这都将导致 $C = 1$，所以 $YUCCA$ 是 50 119.

2. 设矩形的对角线交于点 P，θ 是点 P 处的钝角. 从点 P 到矩形长边的高构造了一个直角边为 $\dfrac{3}{2}, \dfrac{1}{2}$ 的直角三角形，且其中一个锐角为 $\phi = \dfrac{\theta}{2}$. 于是 $\sin\theta = \sin 2\phi = 2\sin\phi\cos\phi = 2 \times \dfrac{3}{\sqrt{10}} \times \dfrac{1}{\sqrt{10}} = \dfrac{3}{5}$. 通常情况下，如果矩形的边长为 a, b，那么 $\sin\theta = \dfrac{2ab}{a^2+b^2}$. 我们也可以通过在其中一个小三角形上利用正弦定理证明.

3. 令 $\arctan\frac{1}{3}=\theta$,那么

$$\tan 2\theta=\frac{2\tan\theta}{1-\tan^2\theta}=2\times\frac{\frac{1}{3}}{1-\frac{1}{9}}=\frac{3}{4}$$

现在

$$\arctan x=\arctan 1+2\arctan\frac{1}{3}=45^\circ+2\theta$$

两边取正切可得

$$x=\frac{1+\tan 2\theta}{1-\tan 2\theta}=\frac{1+\frac{3}{4}}{1-\frac{3}{4}}=7$$

4. 我们有 $\frac{10!}{3!5!}=A_{10}^{x}=\frac{10!}{(10-x)!}$,所以 $3!5!=6\times 5!=6!=(10-x)!$,解得 $x=4$.

5. 如图 4.5.1,联结 PT,注意到 $AB\perp AC, PT\perp TB, AP=PT=1$,且 $PB=3$. 于是 $\tan B=\frac{1}{\sqrt{8}}=\frac{AC}{4}$,所以 $AC=\sqrt{2}$.

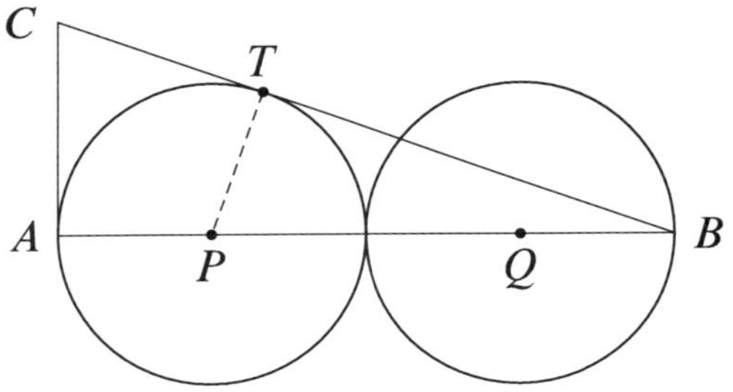

图 4.5.1

6. 注意到 $x^3+y^3=(x+y)(x^2-xy+y^2)$,我们有

$$(7^4)^3+(4^4)^3=(7^4+4^4)(7^8-7^4\cdot 4^4+4^8)$$

第一个因子等于 2 657（如果这不是一个素数,那么它必须是两个四位数的乘积,这是不可能的）. 而恰好第二个因子为 $2\ 617\cdot 1\ 993$.

7. 每次投掷的和是从 2 到 12 的整数，它们发生的概率分别为

$$\frac{1}{36},\frac{2}{36},\cdots,\frac{5}{36},\frac{6}{36},\frac{5}{36},\cdots,\frac{2}{36},\frac{1}{36}$$

由于这些事件的发生顺序有 11! 种可能，我们可得所求的概率为

$$11!\frac{1}{36}\frac{2}{36}\cdots\frac{5}{36}\frac{6}{36}\frac{5}{36}\cdots\frac{2}{36}\frac{1}{36}=\frac{11!6!5!}{36^{11}}$$

因此 $(a,b,c,d)=(5,6,11,11)$.

8. 如果 M 是整个集合的平均值，M' 是第一个集合的平均值，那么 $kM'+7k\cdot 4M'=8kM$，即 $29M'=8M$. 因此整数 M 至少是 29. 由于 M' 至少是 8，我们有集合 $\{8\}$ 和 $\{32,32,32,32,32,32,32\}$.

9. 如图 4.5.2，利用相似三角形可得 $\frac{r}{d}=\frac{x}{a}$, $\frac{R}{d}=\frac{x}{b}=\frac{x}{d-a}$，解得 $x=\frac{Rr}{R+r}$. 如果两个圆锥底面的面积分别为 K 和 k，那么 C 的面积为

$$\pi x^2=\pi\left(\frac{Rr}{R+r}\right)^2=\pi\left(\frac{\sqrt{\frac{K}{\pi}}\sqrt{\frac{k}{\pi}}}{\sqrt{\frac{K}{\pi}}+\sqrt{\frac{k}{\pi}}}\right)^2=\left(\frac{\sqrt{K}\sqrt{k}}{\sqrt{K}+\sqrt{k}}\right)^2$$

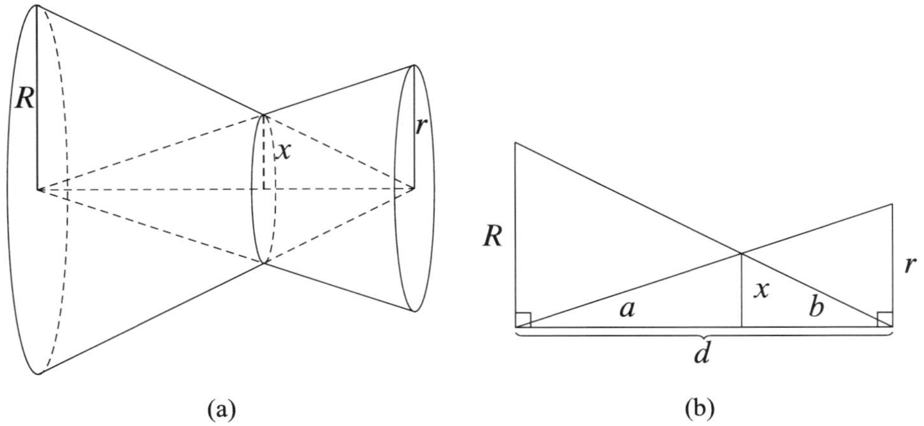

图 4.5.2

因此，这里 C 的面积为 $\left(\frac{30\times 20}{30+20}\right)^2=144$.

10. 由 $F_c - F_b = F_b - F_a$，我们得到 $F_c = F_b + (F_b - F_a)$，这小于 $F_b + F_{b+1}$，即 F_{b+2}. 由于 $F_c > F_b$，我们必有 $F_c = F_{b+1}$. 于是

$$F_a = F_b + F_b - F_c = F_b + (F_b - F_{b+1}) = F_b - F_{b-1} = F_{b-2}$$

所以此序列具有形式 F_n, F_{n+2}, F_{n+3}（唯一的例外是 F_2, F_3, F_4，这等价于 F_1, F_3, F_4）. 最后，$a + (a+2) + (a+3) = 2000$ 意味着 $a = 665$. 注意到 $F_n, F_{n+2}, F_{n+3}, F_x$ 不是等差数列，因为最后三个的下标不满足所需形式，因此不存在构成等差数列的四个斐波那契数.

4.5.3 个人题

1. 我们有 $y^2 = (x+1)^2$，对于正的 y，有 $y = x + 1$. 令 x 从 1 994 取到 2 018，可以得到 25 对有序数对.

2. 如图 4.5.3，令原点为 O. 作 CP 垂直 x 轴于点 P，那么由 $\triangle AOD \cong \triangle DPC$ 可得 $OD = PC = 8$，所以 $DP = 5$. 由勾股定理可得 $CD^2 = 89$，这就是正方形的面积.

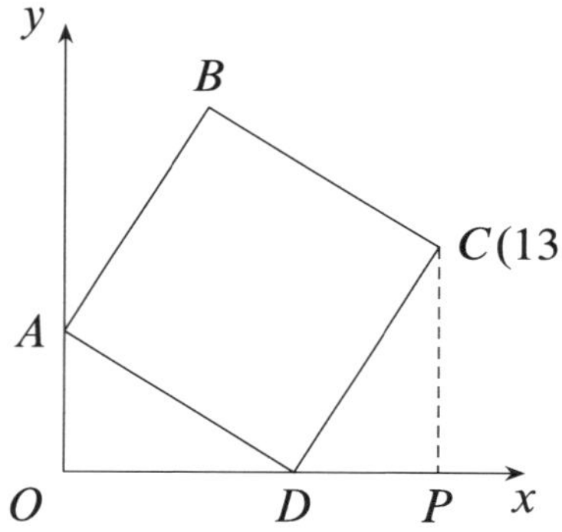

图 4.5.3

3. 平均数为 $\dfrac{28+x}{5}$. 如果 $x \geqslant 6$，中位数为 6，于是 $\dfrac{28+x}{5} = 6$，解得 $x = 2$，矛盾. 如果 $4 < x < 6$，中位数是 x，那么 $\dfrac{28+x}{5} = x$，解得 $x = 7$，矛盾. 如果 $x \leqslant 4$，中位数是 4，可得 $x = -8$.

4. 设此五边形为 $ABCDE$.

(1) 如果相互垂直的两条对角线的交点是一个顶点，不妨设为点 A，那么 $\angle CAD = 90°$，且 $AC < CD$. 于是在 $\triangle ABC$ 中，由于 $AB = CB = CD$，$\angle ABC < 60°$，且 $\angle BAC > 60°$. 同样地，$\angle EAD > 60°$,所以 $\angle EAB$ 将会是一条光线的反射,矛盾.

(2) 假定 $AC \perp BE$，且交于点 P，联结 CE. 显然 $AP = PC, BP = PE$，于是四边形 $ABCE$ 是菱形，所以 $BC = EC = ED = DC$（且 $\triangle CDE$ 是等边三角形）. 如果 $\angle B = 100°$，那么五边形的其他角就是 $140°, 60°, 160°, 80°$（顺序可以任意）. 如果 $\angle BCD = 100°$，那么 $\angle BCE = 40°, \angle AED = 140° + 60° = 200°$，矛盾.（注：一个包含两条互相垂直的对角线的凸等边五边形一定有一个角为 $60°$，且它一定是最小角.）

5. 注意到

$$\cos 16° \sin 7° < \sin 7° < \sin 9° = \sin 16° \cos 7° - \cos 16° \sin 7°$$
$$\cos 67° = \sin 23° = \sin 16° \cos 7° + \cos 16° \sin 7°$$

所以

$$\cos 16° \sin 7° < \sin 9° < \sin 16° \cos 7° < \cos 67°$$

因此答案的顺序是 $\cos 16° \sin 7°, \sin 9°, \sin 16° \cos 7°, \cos 67°$.

6. 由二项式定理可得

$$(4A0 + 1)^{1A4} = (4A0)^{1A4} + 1A4(4A0)^{1A3} + \cdots + 1A4(4A0) + 1.$$

影响十位数字的唯一项是 $1A4(4A0) \cdot 1^{1A3}$，因为前面的项结尾至少有两个 0. 这一项的十位数字由 $4A$ 决定，于是 $A = 3$ 或 8.

7. 因式分解可得

$$x^{98}(x^2 - 4^x) - (x^2 - 4^x) = (x^{98} - 1)(x^2 - 4^x) = 0,$$

所以 $x^{98} = 1$ 或 $x^2 = 4^x$. 前者有两个实根 $x = \pm 1$，后者只有一个实根. 在同一坐标系下画出 $y = x^2$ 和 $y = 4^x$ 的图像，两个图像显然在第二象限相交，而在第一象限内它们都是单调递增的，且永远不会相交. 因此满足条件的 x 有 3 个. 要分析 $x^2 = 3^x$ 的实根可能会麻烦一些，而分析 $x^2 = 2^x$ 会更麻烦（$y = x^2$ 和 $y = 2^x$ 的图像在 $x = 2$ 和 $x = 4$ 之间有可能相交吗？）

8. 设五位数 $N = ABCDE = 10\,000A + 1\,000B + 100C + 10D + E$ 是 p 的一个倍数，那么 p 也整除 $N' = EABCD$，且 p 整除 $10N' = 100\,000E + 10\,000A + 1\,000B + 100C + 10D = 99\,999E + N$. 因此 p 整除 $99\,999E$. ，所以它必然整除 $99\,999 = 3 \cdot 3 \cdot 41 \cdot 271$，那么 p 只能是 271.

4.5.4 接力题 1

1. 如果 $\dfrac{n}{A + B + C} = k$，那么 $kA + kB + kC = n = 100A + 10B + C$，这意味着 $k \leqslant 100$，当 $B = C = 0$ 时 $k = 100$.

2. 我们有 $T = 100$. 那么原数为 $(9 \cdot 13 \cdot 16)^T \cdot 13 \cdot 17 \cdot 17$，其个位数与 $9^T \cdot 7$ 相同，如果 T 是奇数，那么 9^T 的末位为 9，那么答案为 3；如果 T 是偶数，那么 9^T 的末位为 1，所以答案为 7.

3. 我们有 $T = 7$. 当 6 个小圆连续外切，且与大圆内切的时候，小圆的半径最大，此时 $3r = 3T$，于是 $r = T = 7$.

4.5.5 接力题 2

1. 由 $b \lg a = a \lg b$ 可得 $a^b = b^a$. 显然 2 和 4 满足此方程（且本题的意思是 $ab + 1$ 只有一个值），所以 $ab + 1 = 9$.

2. 我们有 $T = 9$. 设点 A 和 B 的坐标分别为 $(a, a), (b, 8b)$. AB 的斜率为 $T = \dfrac{8b - a}{b - a}$，所以 $8b - a = Tb - Ta, 6(8 - T) = a(1 - T)$，故 $\dfrac{b}{a} = \dfrac{T - 1}{T - 8} = 8$.

3. 我们有 $T = 8$. 原式两边除以 b^2 可得 $\left(\dfrac{a}{b}\right)^2 + T = \dfrac{6a}{b}$. 令 $\dfrac{a}{b} = x$，可得 $x^2 - 6x + T = 0$，解得较大的 $\dfrac{a}{b} = x = 3 + \sqrt{9 - T} = 4$.

4.6　1994 年美国地区数学联赛

4.6.1　能力题

1. (1) 0.

   (2) 3.

   (3) 99.

   (4) 29.

2. 注意到这里的答案是针对斜线的.

   (1) 不论线段怎么放置，都等价于联结 $(0,0)$ 和 $(5,12)$ 的线段，所以 $N(13)=0$.

   (2) 将 $l=13$ 的线段延长到其 4 倍，可得 $N(52)=3$.

   (3) 此线段是长度为 13 的格点线段的 5 倍，所以 $N(l)=4$；或者是长度为 5 的格点线段的 13 倍，那么 $N(l)=12$. 但它也可以看成是一个本原直角三角形的斜边（三边长为 $16,63,65$ 或 $33,56,65$），都有 $N(l)=0$. 因此，答案是 $0,4,12$. 这种本原三角形可以通过熟知的表达式找到：$m^2-n^2,2mn,m^2+n^2$（在这种情况下，$m=8,n=1$ 或 $m=7,n=4$）.

3. $N(l)$ 可以是 $13\cdot17-1=220,5\cdot17-1=84,5\cdot13-1=64,17-1=6,13-1=12,5-1=4$ 或 0（此时 $l=1\,105$ 是一个本原直角三角形的斜边），答案是 7.

4. 利用行列式或者海伦公式得三角形的面积，三角形的三边长为 $50,130,80\sqrt{2}$，区域的面积是 $2\,800$，$B=100$，所以 $I=2\,751$.

5. (1) 要想让 I 最大，我们让 B 最小，选择 $(0,0)$ 和 $(24,7)$ 作为两个顶点，此时 $I=624$ 最大. 其他的顶点选择方案会得到 $I=616$ 或 576.

   (2) 答案是 673（另一个 I 的值是 625）. 如果正方形的边长是整数 n，那么 $(n-1)^2\leqslant I\leqslant n^2-1$，当正方形不是斜的时候取到最小值.

6. 第三条边一定介于 $13-5$ 和 $13+5$ 之间，所以我们只需要尝试从 9 到 17 的整数即可. 在这些数中，只有 $10,13,15,17$ 是可能的. 在每种情形下，面积都是无理数，而毕克定理指出格点多边形的面积必然是有理数. 即使一个三角形的边长和面积都是整数，且每条边都是形如 $4k+1$ 的素数的倍数，也可能无法使之成为一个斜的格点三角形（比如边长为 13, 13, 10 的三角形）. 我们也可以证明一个等边三角形不可能是斜的格点三角形（在二维平面上不行，但它可以放置在三维空间中的格点上.）.

7. (1) 所有格点的坐标具有以下模式：(奇，奇)，(奇，偶)，(偶，奇)，(偶，偶). 我们分别将这些模式记为 $\alpha, \beta, \gamma, \delta$. 给定五个格点，其中至少有两个格点具有相同的模式，那么它们的中点必然是一个格点.

   (2) 设五边形为 $ABCDE$，至少有两个顶点具有相同的模式，如果它们不是相邻的顶点，其中点就是一个内部的格点. 如果它们是相邻的顶点（不妨设 $A=\alpha, B=\beta$），那么在线段 AB 上就有另一个格点 F. 如果 $F=\alpha$，那么在线段 AF 上有一个格点，重复此过程，直到我们在线段 AB 上得到一个点 Q，使得 $Q\neq\alpha$（假定 $Q=\beta$）. 现在顶点 C 和 E 不能是 α 和 β（否则由 (1) 结论已经成立）. 设 $C=\gamma, E=\delta$. 最后，如果 $D=\alpha$ 或 β，那么由 (1) 结论也成立. 如果 $D=\gamma$，那么在线段 CD 上存在格点 $R\neq\gamma$. 不论 R 是什么模式，在内部都有一个格点.

   (3) ① 记四边形为 $ABCD$，格点 Q 和 R 分别在线段 AB 和 BC 上，那么五边形 $AQRCD$ 内部必然包含一个格点.

   ② 记四边形为 $ABCD$，且假定线段 BC, AD 上没有格点（除了端点外）. 假定 $\angle B+\angle C>180°$（如果 $\angle B+\angle C<180°$ 且 $\angle A+\angle D<180°$，那么四个内角的和小于 $360°$）.

   ③ 考虑射线 $\overrightarrow{BA}$ 和 $\overrightarrow{CD}$ 以及介于这两条射线之间的区域在线段 AD 的不包含线段 BC 的一侧，记此区域为 L. 在 L 内取格点 P，使得 L 内没有格点比 P 更靠近 AD. 联结 PA 和 PD，在 $\triangle PAD$ 内没有格点，但在五边形 $PABCD$ 内有一个格点. 由于此格点不在 AD 上，那么它必然在四边形 $ABCD$ 内.

8. 设三角形的两条边长是 s, t，满足 $st=Q$ 是一个素数，其面积为素数 K.

解法一 设三角形的顶点为 $(0,0), (a,b), (c,d)$. 利用行列式，我们有

$K=\left|\frac{ad-bc}{2}\right|$,所以 $|ad-bc|=2K$. 进一步, $Q=(a^2+b^2)(c^2+d^2)=(ad-bc)^2+(ac+bd)^2=(2K)^2+r^2$. 所以 Q 一定是一个本原直角三角形的斜边，且直角边长为 $2K$ 和 r. 于是 $2K=2mn$，意味着 $m=K, n=1$，且 $Q=m^2+n^2=K^2+1$. 如果 K 是奇素数，那么 Q 是大于 2 的偶数（这不可能，因为 Q 是素数）. 所以 K 是偶素数, $K=2, Q=5$. 只有四个这样的三角形，其边长为 $5,1,2\sqrt{5}$; $5,1,4\sqrt{2}$; $\sqrt{5},\sqrt{5},2$; $\sqrt{5},\sqrt{5},4$.

解法二 设 θ 是边长为 s 和 t 的两边所夹的角. 由 $K=\frac{st}{2}\sin\theta$,我们可得 $\sin\theta=\frac{2K}{st}=\frac{2K}{Q}$. 由于 st 是整数,由余弦定理可知 $\cos\theta$ 必然是有理数. 因此

$$\cos\theta=\pm\sqrt{1-\sin^2\theta}=\pm\sqrt{1-\left(\frac{2K}{Q}\right)^2}=\pm\frac{\sqrt{Q^2-(2K)^2}}{Q}$$

就意味着 $Q^2-(2K)^2$ 必然是一个完全平方数,不妨设为 r^2,剩下的证明和解法一一样.

4.6.2　团队题

1. 方程两边加上 $10x$ 可得 $(x+1)^5=10(x+1)$,所以 $(x+1)^4=10$. 另一种方法是将式子移到左侧并除以 $x+1$,得到 $x^4+4x^3+6x^2+4x-9=0$,等式两边加 10 得到 $(x+1)^4=10$.

2. **解法一** 由 $k=\sin\theta=\frac{R-r}{R+r}$,我们可得

$$\frac{r}{R}=\frac{1-k}{1+k}=\frac{1-\frac{1}{2}}{1+\frac{1}{2}}=\frac{1}{3}$$

解法二 如图 4.6.1,三角形的相似比为 $1:3$,所以 $\frac{r}{R}=\frac{1}{3}$.

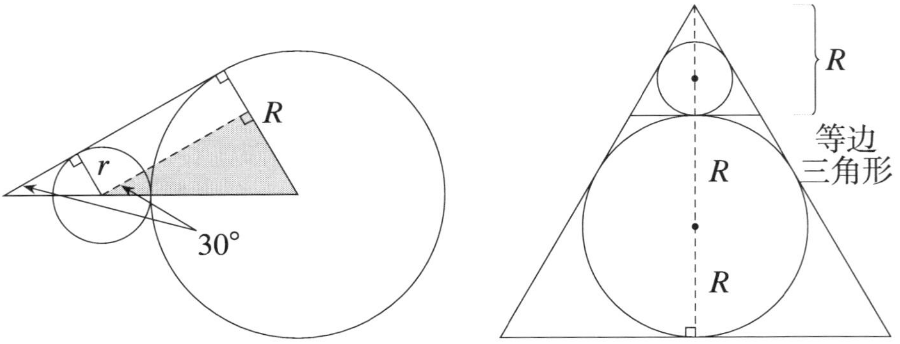

(a) (b)

图 4.6.1

3. 原方程即 $b^n+(b+1)^n=(b+2)^n$. 由费马大定理，方程 $x^n+y^n=z^n$（x,y,z 和 n 都是正整数）对 $n>2$ 是无解的，这对于 $3\leqslant n\leqslant 100$（远不止这些）当然是成立的，因此我们的方程只对 $n=2$ 有解，n 的个数是 1.

4. 注意这里的中线和高不可能来自同一个顶点. 设此三角形为 $\triangle ABC$，且 $AB=AC$.

情形一 设高是 AH，中线 BQ 和 CR 交于点 P. 由于 AH 必为中线，那么 $PH=8, CP=10$，于是 $CH=6, S_{\triangle ABC}=\dfrac{1}{2}\times 24\times 12=144$.

情形二 设中线是 AM，高为 BS，且设 $CM=x$. 由于 AM 必为高，我们有 $AC=\sqrt{x^2+225}$. 用两种方式计算三角形的面积，我们有 $24\sqrt{x^2+225}=15\cdot 2x$，所以 $x=20$，此时 $S_{\triangle ABC}=300$.

5. 交点处必然是不同的 t 值对应了同一个点 (x,y)，设为 t_1 和 t_2. 于是 $t_2^2-2=t_1^2-2, t_2=\pm t_1$，这意味着 $t_2=-t_1$. 现在 $t_1^3-9t_1+5=(-t_1)^3-9(-t_1)+5$，所以 $t_1^3=9t_1$，因此 $t_1=0,\pm 3$. 如果 $t_1=0$，那么 $t_2=0$（舍）. 因此 $t_1=3, t_2=-3$，此时 $(x,y)=(7,5)$. 试画出图像.

6. 由于 $y=x(ax+19)$，y 是素数当且仅当 $x=1$，且 $ax+19=a+19$ 也是素数；或者 $x=p$（素数），且 $ax+19=ap+19=1$，这意味着 $p=-\dfrac{18}{a}$. 因此我们必须让 $-\dfrac{18}{a}$ 和 $a+19$ 同时为素数.（注：如果 $x=q(\neq p)$，那么 $q=-\dfrac{18}{a}=p$，矛盾. 如果 $a=0$, $y=19x$，那么对

于两个不同的正整数 x, y 不可能都是素数.）$-\frac{18}{a}$ 是素数的话，只有 $a=-6$ 或 -9，而只有 $a=-6$ 使得 $a+19$ 也是素数. 于是所求的格点为 $(1,13)$ 和 $(3,3)$.

7. 设 u 表示从 A 到 B 的上山路程之和，d 表示下山路程之和，v 表示平地路程之和. 总时间为

$$\frac{u}{40}+\frac{d}{60}+\frac{v}{x}+\frac{u}{60}+\frac{d}{40}+\frac{v}{x}=3$$

所以 $ux+dx+48v=72x$. 因此 $u+d=\frac{72x-48v}{x}=72-\frac{48v}{x}$，所以 $u+d+v=72-v\left(\frac{48}{x}-1\right)$. 由于 v 是不确定的，我们要确定 $u+d+v$，只能通过 $\frac{48}{x}-1=0, x=48$. 一般情况下，如果上山和下山的速度分别为 r_u, r_d，总时间为 T，那么 $x=\frac{2r_ur_d}{r_u+r_d}$（$r_u$ 和 r_d 的调和平均数），从 A 到 B 的距离为 $\frac{xT}{2}$.

8. 设点 A_1 在线段 B_0C_0 上，比较角度 $\angle B_1A_1C_1(\angle A_1)$ 和 $\angle B_0A_0C_0(\angle A_0)$，我们有

$$\angle A_1=\frac{1}{2}\widehat{B_1C_1}=\frac{180^\circ-\angle A_0}{2}=90-\frac{\angle A_0}{2}$$

因此，从最恶劣的情形开始，此时 $\angle A_0$ 稍微小于 180°，我们连续得到角度 $\angle A_1\approx 0^\circ, \angle A_2\approx 90^\circ, \angle A_3\approx 45^\circ, \angle A_4\approx 67.5^\circ, \angle A_5\approx 56.25^\circ, \angle A_6\approx 61.875^\circ, \angle A_7\approx 59.062\,5^\circ$. 因此，对任意 $\triangle A_0B_0C_0$，$\triangle A_7B_7C_7$ 几乎是等边的，答案是 $n=7$.

9. 我们有 $xy+y=4x^2+Nx+N$，这意味着

$$4x^2+(N-y)x+(N-y)=0$$

所以

$$x=\frac{y-N\pm\sqrt{(N-y)^2-16(N-y)}}{8}$$

所有的 y 值都是可能的，除了

$$(N-y)(N-y-16)<0$$

此时或者 $N-y>0, N-y-16<0$，这说明 $N-16<y<N$；或者 $N-y<0$ 且 $N-y-16>0$，这意味着 $N-16>y>N$（不可能）. 要使得区间 $N-16<y<N$ 具有所需要的形式，我们需要 $N-16=-N$，所以 $N=8$.

10. 这里的解答基于一个很容易证明的定理：给定矩形 $ABCD$ 和点 P，那么 $PA^2+PC^2=PB^2+PD^2$，即使点 P 不在矩形所在的平面上，这也成立. 设盒子的一个面的顶点分别为 A,B,C,D，它们关于盒子中心的对顶点分别为 A',B',C',D'. 为了简化记号，设距离 PA 用 A 表示，距离 PB 用 B 表示，那么 $A^2+C^2=B^2+D^2$，且 $A^2+A'^2=B^2+B'^2$（利用矩形 $ABA'B'$）.

    (1) 设 $A(=PA)=1$，则或者 $2=B$，或者 $2=C$. 假定 $2=C$，那么 $3\neq A,C,B,D,A',C'$. 所以 $3=B'$ 或 D'（这两种情形是对称的）. 设 $3=B'$，则 $4\neq A,C,B,D,A',C',B'$，所以 $4=D'$. 但是这样我们就无法给出一个大于 5 的距离，所以 $2=B$.

    (2) 现在 $3\neq A,B,A',B'$，所以或者 $3=C$（或 D'），或者 $3=D$（或 C'）. 假定 $3=C$，那么我们有 $D=\sqrt{6}$. 现在 $4\neq A',B',C',D'$，此时也无法给出一个大于 5 的距离，所以 $3=D$.

    (3) 最后，我们有 $C=\sqrt{12}, 4=C'$，那么 $D'=\sqrt{19}, B'=\sqrt{24}, A'=\sqrt{27}=3\sqrt{3}$.（注：可以证明满足条件的盒子是存在的.）

4.6.3 个人题

1. 由于有 7 对红色的正方形重合，那么有 6 个红色正方形落在白色正方形上，那么剩下 $44-6=38$ 个白色正方形，即 19 对白色正方形重合.

2. 由于 $\triangle RSD\cong\triangle PQB, PB=3$，那么 $AB=11$. 过点 R 作 AB 的垂线，垂足为点 T，则 $AT=3, TP=5$，所以（在直角 $\triangle RTP$ 中）$RT=12$. 四边形 $ABCD$ 的面积为 $11\times12=132$.

3. 对足够大的 n，$\sqrt{(n-5)^2+4}$ 与 $n-5$ 的差不超过 1，所以答案是 19 941 989. 事实上，当 $n\geqslant7$ 时上述结论成立.

4. 联结 QE, AE, PE，设 $QA=p, PA=q, AE=x$. 注意到以 AB 为

直径的圆经过点 E,且 $\widehat{AE}$ 是 $\frac{1}{4}$ 圆. 因此不论点 P 在半圆何处,均有 $\angle P = 45°$. 类似地,$\angle Q = 45°$,所以 $\triangle QEP$ 是等腰直角三角形. 那么 $QE = \frac{p+q}{\sqrt{2}}$,对 $\triangle AQE$ 应用余弦定理,我们得到 $x^2 = \frac{p^2+q^2}{2}$,所以 $x = 17$.

5. 任意数与它的各位数字的和在模 9 时同余,注意到 $A + B + \cdots + H + I = 45 - J$,我们有 $45 - J \equiv 6 + J \pmod 9$,这意味着 $2J \equiv -6 \equiv 3 \equiv 12 \pmod 9$,所以 $J = 6$. 事实上,有 360 组不同的加数满足这一问题.

6. 在复平面上考虑此十边形,如果将其中心平移到原点,其顶点将表示 $f(x) = x^{10} - 1 = 0$ 的根. 由于 P_n 分别比 $f(x) = 0$ 的根大 2,故它们是 $f(x-2) = 0$ 的根,即 $(x-2)^{10} - 1 = 0$ 的根. 根据韦达定理,这些根的乘积为 1 023.

7. 设圆的半径为 $r(= 1\,994)$,那么此点为 $(2r, 2r)$. 点 (a, b) 对应的半径的斜率为 $\frac{b}{a}$,所以这一点处切线的斜率为 $-\frac{a}{b}$. 于是 $-\frac{a}{b} = \frac{2r-b}{2r-a}$,因此 $2r(a+b) = a^2 + b^2 = r^2 \Rightarrow a + b = \frac{r}{2} = 997$.

8. 如果共有 n 枚硬币,其总和为 $2^0 + 2^1 + \cdots + 2^{n-1} = 2^n - 1$. 现在 $5 \mid (2^n - 1)$,这意味着 $2^n \equiv 1 \pmod 5$,由此我们得到 $4 \mid n$. 因此 n 必为 32. 现在

$$\begin{aligned}2^{32} - 1 &= (2^{16}+1)(2^{16}-1)\\ &= (2^{16}+1)(2^8+1)(2^8-1)\\ &= \cdots = (2^{16}+1)(2^8+1)(2^4+1)(2^2+1)(2+1)(2-1)\end{aligned}$$

两边除以 $5(= 2^2 + 1)$,注意到 $2 - 1 = 1$,可得遗失的硬币值的和为 $(2^{16}+1)(2^8+1)(2^4+1)(2+1)$. 我们将此式乘开,但是仍然写成 2 的幂次,共有 16 个不同的加和. 这意味着,如果此乘积写成二进制的时候,共有 16 个 1,所以它代表了 16 枚硬币.

4.6.4　接力题 1

1. 由于 $3 \times 13 = 39, 2 \times 19 = 38$,所以 $n = 3 \times 2 \times 37 = 222$.

2. 我们有 $T=222, N=2$，于是

$$2^N+2^{2N}+2^{3N}=2^N(1+2^N+2^{2N})$$

其中第二个因子是奇数，等于 21.

3. 我们有 $T=21$，表达式的左边等于 $(n+1)!-1$（对于其他方法，数学归纳法很好地证明了这一点），所以 $n+1=T, n=T-1=20$.

4.6.5 接力题 2

1. 我们可知 $n=a^2-124=b^2-56$，所以 $a^2-b^2=68$，这意味着 $(a+b)(a-b)=4\cdot 17$. 由于 $a+b, a-b$ 具有相同的奇偶性，我们有 $(a+b)(a-b)=34\cdot 2$. 因此 $a+b=34, a-b=2$，所以 $a=18, n=200$. 令 $a+b=-34, a-b=-2$，或者其他类似变换在每种情况下 a^2 的值相同. 当然，这个问题意味着只有一个答案.

2. 我们有 $T=200, d=4$. $S_{\triangle BMC}=\frac{1}{2}\cdot d\cdot 29, S_{\triangle ABC}=2S_{\triangle BMC}=116$.

3. 我们有 $T=116$. 过原点 O 作直线 $y=-\frac{5}{2}x+997$ 的垂线，与此圆交于点 $P(a,b)$. OP 的斜率为 $\frac{2}{5}$，所以 $\frac{b}{a}=\frac{2}{5}$，那么

$$x^2+y^2=a^2+b^2=a^2+\frac{4a^2}{25}=\frac{29a^2}{25}=T$$

所以 $a^2=\frac{25T}{29}=25\cdot\frac{116}{29}=100$. 因此 $a=10, b=\frac{2a}{5}=4$，所求的点是 $(10,4)$.

4.7 1989 年纽约数学联赛

4.7.1 能力题

1. (n, S_n)：$(1,1),(2,3),(3,5),(4,8),(5,10),(6,14),(7,16)$.

2. (1) 如果 $a \nmid n$，那么 a 的小于 n 的最大倍数也不超过 $n-1$，于是 $\left[\frac{n}{a}\right]=\left[\frac{n-1}{a}\right]$. 如果 $a \mid n$，令 $n=ka$，那么 $ka>n-1=ka-1\geqslant ka-a$，所以 $k-1\leqslant\frac{n-1}{a}<k$，且 $\left[\frac{n-1}{a}\right]=k-1=\left[\frac{n}{a}\right]-1$.

(2) 逐项比较 S_n 和 S_{n-1}（S_n 的最后一项可以和 $\left[\frac{n-1}{n}\right]$ 比较，这个式子为 0）. 对 S_n 中的每个整除 n 的分母，该项都比 S_{n-1} 对应的项大 1，因此 S_n 比 S_{n-1} 大 $\tau(n)$.

(3) 我们有 $S_1=1, S_2\geqslant S_1+2, S_3\geqslant S_2+2,\cdots,S_n\geqslant S_{n-1}+2$. 将这些不等式相加可得 $S_1+S_2+S_3+\cdots+S_n\geqslant 1+S_1+S_2+S_3+\cdots+S_{n-1}+2(n-1)$，所以 $S_n\geqslant 1+2(n-1)=2n-1$. 注意当 $n=1$ 时结论也成立.

(4) ① 显然，$\tau(n)=2$ 当且仅当 n 是素数，所以 n 是素数当且仅当 $S_n=S_{n-1}+2$.

② $\tau(n)$ 是奇数当且仅当 n 是完全平方数（这是熟知的，因为 n 的不同因子是可以配对的，除了完全平方数的平方根），所以 n 是完全平方数当且仅当 S_n 与 S_{n-1} 的奇偶性相反.

3. (1) 由于 $2^a-1=2^0+2^1+2^2+\cdots+2^{a-1}$，将 H_n 按照题中的方式进行分组，会得到 a 个括号相加，每个括号里面的式子都不超过 1，所以 $H_n\leqslant a$.

(2) 注意到 $\frac{n}{a}-1<\left[\frac{n}{a}\right]\leqslant\frac{n}{a}$，那么

$$\begin{aligned}\left(\frac{n}{1}-1\right)+\left(\frac{n}{2}-1\right)+\cdots+\left(\frac{n}{n}-1\right)&<\left[\frac{n}{1}\right]+\left[\frac{n}{2}\right]+\cdots+\left[\frac{n}{n}\right]\\&\leqslant\frac{n}{1}+\frac{n}{2}+\cdots+\frac{n}{n}\end{aligned}$$

所以 $n\left(1+\frac{1}{2}+\cdots+\frac{1}{n}\right)-n<S_n\leqslant n\left(1+\frac{1}{2}+\cdots+\frac{1}{n}\right)$，即 $n(H_n-1)<S_n\leqslant nH_n$.

(3) 我们有

$$S_{1\,000}\leqslant 1\,000H_{1\,000}<1\,000H_{1\,023}\leqslant 1\,000\cdot 10=10\,000$$

4.7.2 团队题

1. 因式分解可得 $n^2(n-2)(n-1)n(n+1)(n+2)$. 任意五个连续整数的乘积都能被 5 整除，任意四个连续整数的乘积都能被 8 整除，乘积 $(n-2)(n-1)n$ 和 $n(n+1)(n+2)$ 必能被 3 整除，那么整个乘积必然能被 $5\cdot 8\cdot 9=360$ 整除.（验证 $n=3$ 和 $n=4$ 的最大公因子可知不存在更大的因子.）

2. 极限存在就意味着这些数列的项最后相等，令 $\dfrac{a}{b}=\dfrac{a+2b}{a+b}$，可得 $a^2=2b^2$，所以 $\dfrac{a}{b}=\sqrt{2}$.（这种利用直觉的方法可以通过极限进行严格证明.）

3. 交点的坐标满足两条曲线的和的方程，即 $5x^2+5y^2=35$，其面积为 7π.

4. 注意到一个两位数（比如 38）减 9 的时候，其数字的和不变，除非结果是 10 的倍数，于是 $k=9, n<90$. 此外 $n-2k$ 必为 10 的倍数，所以试令 $n=28,38,\cdots,88$，只有 88 加上 $2k$ 时会改变数字的和.

5. **解法一** 不失一般性，我们设高为 1，那么斜边长为 4. 斜边上的中线长为 2，且高的垂足到斜边中点的距离为 $\sqrt{3}$. 因为斜边长的一半为 2，所以 $\dfrac{p}{q}=\dfrac{2-\sqrt{3}}{2+\sqrt{3}}=7-4\sqrt{3}$，所以 $(a,b)=(7,4)$.

   解法二 高为 $\sqrt{pq}=\dfrac{p+q}{4}$，两边平方，消去分母并化简，然后除以 q^2，得到一个关于 $\dfrac{p}{q}$ 的的二次方程，将 $\dfrac{p}{q}$ 换成 x，可得

   $$x^2-14x+1=0$$

   所以 $x=7-4\sqrt{3}$.

6. 设三个半径就是 p,q,s，$\triangle ABC$ 的边长为 $s+q,s+p,q+p$，它们的比值与其对应角的正弦的比值相同，即 $2:3:4$. 解方程 $s+q=2k,s+p=3k,q+p=4k$ 可得比值

   $$p:q:s=5:3:1$$

即所求的解为 $(5,3,1)$. 或者我们可以注意到，将三角形的两条边相加，再减去第三条边，例如 $(s+p)+(q+p)-(s+q)=2p$，所以 p 是这个表达式的一半. 利用这一方程可得

$$p:q:s=(3+4-2):(2+4-3):(2+3-4)=5:3:1$$

7. 方程 $z^7=1$ 意味着 $z^6+z^5+\cdots+z+1=0$，除以 z^3 以后可得

$$f(z)=z^3+z^2+z+1+\frac{1}{z}+\frac{1}{z^2}+\frac{1}{z^3}=0$$

设待求的式子为 $g(z)$，注意到由于 $z^7=1$，那么 $z^{28}=z^{49}=1$，于是

$$g(z)=z^3+\frac{1}{z^3}+z^2+\frac{1}{z^2}+z+\frac{1}{z}=f(z)-1=-1$$

8. 注意到第一行包含从 1 到 n 的整数，第二行包含从 $n+1$ 到 $2n$ 的整数，第三行包含从 $2n+1$ 到 $3n$ 的整数，……，最后一行包含从 $(n-1)n+1$ 到 n^2 的整数. 我们最后要取整数 $a_1n+b_1, a_2n+b_2, \cdots, a_nn+b_n$，其中 a_i 是来自集合 $\{0,1,2,\cdots,n-1\}$ 的不同整数，而 b_i 是来自集合 $\{1,2,3,\cdots,n\}$ 的不同整数. 其和为 $\frac{(n-1)n}{2}\cdot n+\frac{n(n+1)}{2}=\frac{n(n^2+1)}{2}$.

9. 我们用 $\varnothing$ 表示空集. 于是第一个大括号内的集合变为

$$(B\cap C)\cup[(A\cap E)\cap A']=(B\cap C)\cup\varnothing=B\cap C$$

第二个大括号变为

$$(C\cap D')\cup[(A\cap E')\cap A']=(C\cap D')\cup\varnothing=C\cap D'$$

那么我们有

$$\begin{aligned}&(B\cap C)\cup(C\cap D')\cup(B'\cup C)'\cup(C\cup D)'\\=&(B\cap C)\cup(C\cap D')\cup(B\cap C')\cup(C'\cap D')\\=&[(C\cap B)\cup(C\cap D')]\cup[(C'\cap B)\cup(C'\cap D')]\end{aligned}$$

$$
\begin{aligned}
&= [C \cap (B \cup D')] \cup [C' \cap (B \cup D')] \\
&= (B \cup D') \cap (C \cup C') \\
&= (B \cup D') \cap I \\
&= B \cup D'
\end{aligned}
$$

答案是 (B, D). 本题的主要目的是检验学生应用集合理论的能力. 利用韦恩图法,用少于五个的集合即可解决问题.

10. 我们记 $\sin i$ 为 s_i,$\cos i$ 为 c_i,那么

$$
\begin{aligned}
s_1 s_3 s_5 \cdots s_{89} &= \frac{(s_1 s_3 \cdots s_{89})(s_2 s_4 s_6 \cdots s_{88})}{s_2 s_4 s_6 \cdots s_{88}} \\
&= \frac{(s_1 s_{89})(s_2 s_{88}) \cdots (s_{44} s_{46}) s_{45}}{s_2 s_4 \cdots s_{88}} \\
&= \frac{(s_1 c_1)(s_2 c_2) \cdots (s_{44} c_{44}) s_{45}}{s_2 s_4 \cdots s_{88}} \\
&= \frac{\dfrac{s_2}{2} \cdot \dfrac{s_4}{2} \cdot \dfrac{s_6}{2} \cdot \cdots \cdot \dfrac{s_{88}}{2} \cdot \dfrac{1}{\sqrt{2}}}{s_2 s_4 s_6 \cdots s_{88}} \\
&= \left(\frac{1}{2}\right)^{44} \left(\frac{1}{2}\right)^{\frac{1}{2}} = \frac{1}{2^{\frac{89}{2}}}
\end{aligned}
$$

所以 $n = \dfrac{89}{2}$.

4.7.3 个人题

1. 由于 $\angle OSP$ 是直角, 半径 $OS \perp PQ$, 因此 OS 也平分 PQ, 所以 $PS = 6$. 与 OP 的长度无关.
2. 因式分解可得 $(x-10)x(4x-1) = 3 \cdot 3 \cdot 13 \cdot 17$. 令最小的因子等于 3, 可得 $x = 13$（第三个因子就是 51）. 最小因子的其他可能性都不成立.
3. 圆外切四边形的两组对边长之和相等, 为了让第四条边长尽可能小, 让一组对边长为 17 和 18,此时第四条边长最小为 14.

4. 将方程相加可得 $x+y+z=0$,两边平方可得 $x^2+y^2+z^2+2(xy+xz+yz)=0$,所以答案为 -2.

5. 第 $2k$ 项分别为 $2,5,11,23,47,\cdots$,它们分别比 $3,6,12,24,48,\cdots$ 小 1,此序列的第 50 项为 $3\cdot 2^{49}$,所以答案为 49.

6. 将 $\tan 4x$ 换成 $\dfrac{\sin 4x}{\cos 4x}$,交叉相乘可得

$$\sin 4x\cos x+\cos 4x\sin x=\cos 4x\cos x-\sin 4x\sin x$$

所以 $\sin(4x+x)=\cos(4x+x)$,即 $\tan 5x=1, 5x=45^\circ$,于是 $x=9^\circ$.

7. 由于此对称变换保持距离,新的曲线仍然是圆,而圆心为 $(8,2)$,其方程为 $(x-8)^2+(y-2)^2=25$,乘开可得 $(a,b,c,d)=(1,-16,-4,43)$.

8. 虽然可能有不同的图形,但在每种情形下,都有

$$\sin\angle CDE=|\cos\angle CDA|$$

菱形的边长为 $\sqrt{29}$. 对 $\triangle CDA$ 应用余弦定理可得 $|\cos\angle CDA|=\dfrac{21}{29}$,于是菱形 $CDEF$ 的面积为 $\sqrt{29}\cdot\sqrt{29}\cdot\sin\angle CDE=21$.

4.7.4　接力题 1

1. 分别尝试 $n=1,2,3,\cdots$,看 2 608n 是否有 n 位数,显然只有 $n=5$ 满足条件,所以 $K=13\,040$.

2. 我们有 $S=8, T=3$,在基为 1 988 下,$11^T=1\,331$,所以答案为 8.

3. 我们有 $R=8, T=35$, 概率为 $\dfrac{1}{\binom{7}{k}}$, 所以 $\binom{7}{k}=35$, 可知最小的 $k=3$.

4. 我们有 $T=3, k=5$. 由于中线长为斜边长的一半, 我们得到了一个等腰三角形, 其角度为 $\theta,\theta,90^\circ-\dfrac{\theta}{k}$. 令其和等于 180°, 我们得到 $\theta=\dfrac{90^\circ k}{2k-1}=50^\circ$.

5. 我们有 $T = 50, P = 6$. 设 n 表示钞票数,那么 $n = P + \frac{n}{6} + \frac{kn}{5}$. 于是 $n = \frac{30P}{25-6k} = \frac{180}{25-6k}$. 只有 $k = 4$ 能得到有效的 n,所以 $n = 180$.

4.7.5 接力题 2

1. 此四位数等于 $1\,001A + 110B = 7(143A + 15B) + 5B$,所以 $5B$ 必然是 7 的倍数,于是 $B = 7, A = 9$,可得最大值为 $A + B = 16$.

2. 我们有 $T = 16, k = 4$. 直线的斜率等于其倾斜角的正切值，所以 $\frac{4\sqrt{3}}{p-k} = \sqrt{3}$,可得 $p - k = 4$. 于是 $p = 8$.

3. 我们有 $a = 8$. 如果点 B 在第二或第四象限,那么三角形必为直角三角形,其中 AB 平行于一条坐标轴. 斜边上的高为 a,底边 AB 的长为 $2a$,所以面积为 $a^2 = 64$.

4. 我们有 $T = 64, K = 16$. 费用是每公里 1 美元,汽车在 $\frac{1}{3}$ 小时内走了 K 公里,所以平均时速为 $3K = 48$ 公里.

5. 我们有 $T = 48, k = 8$. 前面两个变换将点 (x, y) 变为 $(kx + 2k, ky + 3k)$，后两个变换将点 (x, y) 变为 $(kx + c, ky + d)$，因此 $(c, d) = (2k, 3k) = (16, 24)$.

4.8 1990 年纽约数学竞赛

4.8.1 能力题

1. (1) ① $k = (2n)^2$.

   ② $k = (2n + 1)^2$.

   ③ $k = (2n - 1)(2n)$.

   ④ $k = (2n)(2n + 1)$.

   (2) ① $(-5, -5)$.

   ② $(7, 8)$.

③ $(-10, 10)$.

④ $(10, -10)$.

(3) ① 由于 $31 \cdot 32 < 1\,000 < 32 \cdot 32$，我们可知 $P_{1\,000}$ 介于 $(-16, 16)$ 和 $(-16, -16)$ 之间. 由于 $31 \cdot 32 = 992$，$P_{1\,000}$ 在点 $(-16, 16)$ 以下 8 个单位，所以是点 $(-16, 8)$.

② 点 $(10, -20)$ 在点 $(-20, -20)$ 和 $(20, -20)$ 之间，因此 P_k 在点 $P_{1\,600}$ 右边 30 个单位，所以 $k = 1\,630$.

2. (1) 如图 4.8.1，点 $(-n^2, n^2)$ 是 $P_{(2n^2-1)(2n^2)}$，在抛物线上所求的点在此点前面 $-n + n^2$ 个单位或 $n + n^2$ 个单位（随着螺旋路径的发展），所以待求的点是 $P_{(2n^2-1)(2n^2)-(-n+n^2)}$ 和 $P_{(2n^2-1)(2n^2)-(n+n^2)}$，即 $P_{4n^4-3n^2\pm n}$. 因此 $(a, b) = (4, -3)$.（注：当 $n = 1$ 时，可得 P_0 和 P_2，但是利用公式不能得到 P_8. 你能找到这背后的逻辑吗？）

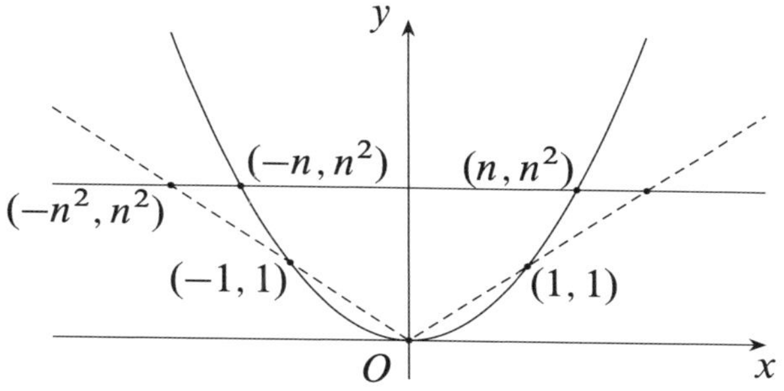

图 4.8.1

(2) 如图 4.8.2，坐标轴上的点是 $P_{4n^2\pm 2n\pm n} \equiv P_{n(4n\pm 1)}$ 或 $P_{n(4n\pm 3)}$. 角标是素数当且仅当 $n = 1$，这种情况只能得到 P_3, P_5 和 P_7.

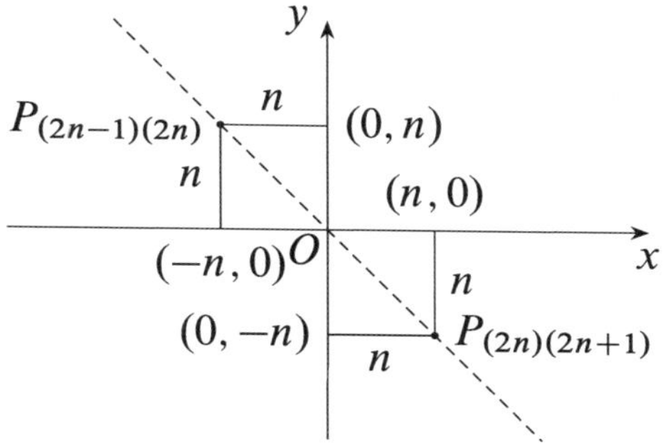

图 4.8.2

(3) 如图 4.8.3，因为相邻的点都相距 1 个单位，我们考虑 $2k = k + 1$，

得到 $k=1$（P_1P_2）. 如果不是相邻的点，那么这些点落在平行线上. 我们考虑下面四种情形：

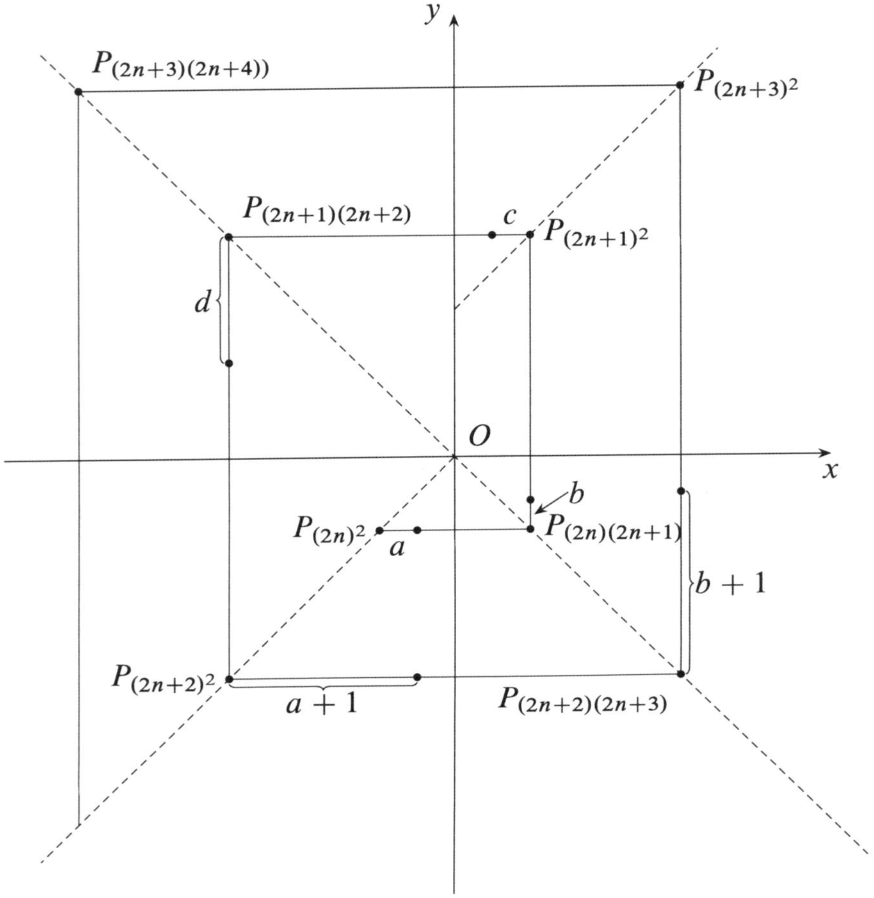

图 4.8.3

情形 1　$(2n+2)^2+a+1=2[(2n)^2+a], 0\leqslant a\leqslant 2n$，这导致 $n=\dfrac{2+\sqrt{9-a}}{2}$. 要使得被开方数是一个偶数的平方，或者 $a=5$，那么 $n=2$（但此时 $a>2n$）；或者 $a=9$，那么 $n=1$（但又有 $a>2n$）. 此时的答案都是不满足的.

情形 2　$(2n+2)(2n+3)+b+1=2[(2n)(2n+1)+b], 0\leqslant b\leqslant 2n+1$，这导致 $n=\dfrac{3+\sqrt{37-4b}}{4}$. 要使得被开方数是一个奇数的平方，必有 $b=3,7,9$. 求出相应的 n 的值，且注意 $b\leqslant 2n+1$，

我们只有 $b=3, n=2$. 因此 $k=(2n)(2n+1)+b=23$.（这就是线段 $P_{23}P_{46}$.）

情形 3　$(2n+3)^2+c+1=2[(2n+1)^2+c], 0 \leqslant c \leqslant 2n+1$, 这导致 $n=\dfrac{1+\sqrt{9-c}}{2}$. 此时只有 $c=0, n=2$, 所以 $k=(2n+1)^2+c=25$（$P_{25}P_{50}$）.

情形 4　$(2n+3)(2n+4)+d+1=2[(2n+1)(2n+2)+d], 0 \leqslant d \leqslant 2n+2$, 这导致 $n=\dfrac{1+\sqrt{37-4d}}{4}$, 此时的答案也都是不满足的.

最后的答案就是 $\{1, 23, 25\}$.

4.8.2　团队题

1. 因式分解并化简得到 $x+y=1$. 最小的 x 意味着最大的 y. 由于 $y=1$ 意味着 $x=0$（此时 $x \ngtr y$）, $y=\dfrac{1}{2}$ 意味着 $x=\dfrac{1}{2}$（$x \ngtr y$）, 我们必有 $y=\dfrac{1}{3}$, 所以 $x=\dfrac{2}{3}$.

2. (1) 是真命题, 所有弦的中垂线都经过原点; (2) 是真命题, 这是相交弦定理; (3) 是真命题, 同弧所对的圆周角相等; (4) 是真命题, 圆内接四边形的内对角互补; (5) 是假命题, 弧长之比一般不等于弦长之比（比如考虑直径与弧长等于半径的弦长之比等于 $(\pi r):\dfrac{2\pi r}{6}=3:1$, 而不是 $2:1$.）. 最后的答案是 a, b, c, d（一个都不能少）.

3. 由
$$\frac{a}{b}=\frac{\lg 9}{\lg 16}=\frac{2\lg 3}{2\lg 4}=\log_4 3$$
我们得到 $4^{\frac{a}{b}}=4^{\log_4 3}=3$. 类似地, $3^{\frac{b}{a}}=4$, 因此其和为 7.

4. 注意到, 比如 3 月 5 日和 5 月 3 日相差 $31(3\text{ 月})+30(4\text{ 月})-2=59$ 天. 那么早一点的日期必然在两个连续有 31 天的月份的前一个月份里. 容易验证 12 月的一天（其反日期在二月）是不满足的, 所以必然是在 7 月, 那么早一点的日期是 7 月 9 日, 答案是 $(7, 9)$.

5. 设 $CD=x$，则 $AB=x+1$，那么 $100(x+1)+x=y^2$，其中 y 是一个两位数（因为 y^2 有四位数）. 于是 $101x=(y+10)(y-10)$，由于 $y-10$ 最多有两位数，素数 101 必然整除 $y+10$. 而 $y+10\leqslant 99+10=109$，所以 $y+10=101$，$y=91$，$y^2=8\,281$.

6. 令 $A_n=\dfrac{1}{S_n}$，那么 $A_1=A_2=1$，且对 $n>2$，有

$$A_n=\frac{S_{n-2}+S_{n-1}}{S_{n-2}\cdot S_{n-1}}=\frac{1}{S_{n-2}}+\frac{1}{S_{n-1}}=A_{n-2}+A_{n-1}$$

因此 $\{A_n\}$ 是斐波那契数列，于是 $A_{12}=144$，$S_{12}=\dfrac{1}{144}$.

7. **解法一** 利用长除法可得

$$\begin{array}{r|l}
 & 2^{17}+2^{10}+2^3 \\ \hline
2^7-1 & 2^{24} \qquad\qquad\quad +k \\
 & 2^{24}-2^{17} \\ \hline
 & \qquad 2^{17} \qquad\quad +k \\
 & \qquad 2^{17}-2^{10} \\ \hline
 & \qquad\qquad 2^{10} \quad +k \\
 & \qquad\qquad 2^{10}-8 \\ \hline
 & \qquad\qquad\qquad 8+k
\end{array}$$

由于不能有余数，那么 k 必为 119.

解法二 由于 $2^7=128\equiv 1(\bmod 127)$，那么

$$2^{24}+k=(2^7)^3\cdot 2^3+k\equiv 1^3\cdot 8+k\equiv 8+k(\bmod 127)$$

如果 $8+k\equiv 0$，那么 $k\equiv -8\equiv 119(\bmod 127)$.

解法三 注意到 $127=2^7-1$ 是 2^8-2 的一个因子，是 $(2^8-2)(2^{16}+2^9+2^2)=2^{24}-8$ 的因子，因此 127 也是 $2^{24}-8+127=2^{24}+119$ 的因子.

8. 由于 $\dbinom{n}{2}=\dfrac{n(n-1)}{2}=k^2$，那么奇数因子（$n$ 或者 $n-1$）是一个正的完全平方数，而偶数因子是一个正的完全平方数的两倍.

(1) 如果奇数因子为 1,那么偶数因子是 0 或 2,此时有 $n = 2$.
(2) 如果奇数因子是 9,那么偶数因子是 8 或 10,此时有 $n = 9$.
(3) 如果奇数因子是 25,那么偶数因子是 24 或 26,此时不满足.
(4) 如果奇数因子是 49,那么偶数因子是 48 或 50,此时 $n = 50$.
(5) 如果奇数因子是 81,那么偶数因子是 80 或 82,此时不满足.
因此答案是 $n = 2, 9, 50$.

9. 在 $\triangle BAD$ 中,$BD = 25$,那么 $\triangle BCD$ 也是直角三角形. 由于 $\angle A + \angle C = 180^\circ$,故四边形 $ABCD$ 共圆. 由托勒密定理可得 $7 \times 20 + 15 \times 24 = 25AC$,所以 $AC = 20$.

10. 由于它们的三边不可能相等,那么三个角和两边必然相等,因此它们是相似的. 如果 $\triangle ABC$ 的两条边长为 a, b,那么 $\triangle DEF$ 相应的边长为 b 和 $\frac{b^2}{a}$, 因此 $\triangle ABC$ 的第三边长为 $\frac{b^2}{a}$, 而 $\triangle DEF$ 的第三边长为 $\frac{b^3}{a^2}$. 假定 $b > a$(如果 $b = a$, 那么两个三角形就全等了), 且我们需要 $a \mid b^2, a^2 \mid b^3$. 设 $\gcd(a, b) = d$, 且 $a = da_0, b = db_0$, 其中 $\gcd(a_0, b_0) = 1$. 于是 $\frac{b^2}{a} = \frac{d^2b_0^2}{da_0} = \frac{db_0^2}{a_0}$, 且 $\frac{b^3}{a^2} = \frac{db_0^3}{a_0^2}$. 显然, 我们需要 $a_0^2 \mid d$.(注: 如果 $a_0 = 1, a = d$, 那么 $b = ab_0$, $\triangle ABC$ 的三边长为 a, b_0a, b_0^2a, 但是 $a + b_0a > b_0^2a$, 这意味着 $1 + b_0 > b_0^2$, 所以 $b_0 = 1, b = a$, 这是不可能的. 因此我们有 $b_0 > a_0 > 1$.) 令 $d = ka_0^2$, 则 $b = kb_0a_0^2$, 且 $a = ka_0^3$. 容易验证这里的三角形的边长均为整数, 对于 $\triangle ABC$, 当 $k = 1$ 时, 边长为 $a_0^3, a_0^2b_0, a_0b_0^2$($\triangle DEF$ 的边长为 $a_0^2b_0, a_0b_0^2, b_0^3$.). 当 $a_0 = 2, b_0 = 3$ 时取到的周长最小, 此时周长为 $8 + 12 + 18 = 38$.

4.8.3　个人题

1. 由于 15! 是 9 的一个倍数,那么其各位数字之和 $41 + A$ 必为 9 的倍数,所以 $A = 4$.

2. 我们有 $\frac{a+c}{2} = 10, \frac{a+e}{2} = 7, \frac{c+e}{2} = 8$. 将前两个方程相加,减去

第三个方程可得

$$\frac{(2a+c+e)-(c+e)}{2}=10+7-8=9$$

所以 $a=9$.

3. 如果 $a+b=a-b$,那么 $b=0$,这是不允许的,所以 $a+b\neq a-b$. 于是 $ab=\frac{a}{b}$,得到 $a=0$ 或 $b=\pm1$. 但当 $a=0$ 时 $ab=0$,这意味着 $a+b=0$ 或 $a-b=0$（因为其中有三个是相等的）. 这将意味着 $b=0$,这也是不允许的,所以 $b=\pm1$. 如果 $b=1$,那么 $a+1=a$ 或 $a-1=a$（都是不可能的）. 所以 $b=-1$,这有两种情况,$a-1=-a$ 或 $a+1=-a$,分别得到 $a=\frac{1}{2}$,$a=-\frac{1}{2}$. 最后的答案就是 $\left(\frac{1}{2},-1\right)$ 和 $\left(-\frac{1}{2},1\right)$.

4. 直线交 BC 于点 $P(3,0)$,交 AB 于点 Q. 过点 Q 作 BC 的垂线,交 BC 于点 R,设 $QR=h$, $PR=d$. 由于 $PB=9$, $9h=\frac{1}{2}\times6\times12$,所以 $h=4$. 由于 $\frac{h}{9-d}=\frac{6}{12}$,我们有 $d=1$. 斜率为 $\frac{h}{d}=4$.

5. 由于直线 $y=\sin70^\circ$ 与正弦曲线交于 $70^\circ,110^\circ,430^\circ,500^\circ,\cdots$,我们有 $p:q=40:320=1:8$,因此答案是 $(1,8)$. 直线 $y=\sin\theta$ 按照 $(90^\circ-\theta):(90^\circ+\theta)$ 的比例分割. 当 $\theta=80^\circ$ 时,比例为 $1:17$,当 $\theta=89^\circ$ 时,比例为 $1:179$. 这里隐藏了一些有趣的定理（以及其他的证明）.

6. 如图 4.8.4,注意到在 $\triangle ABC$ 中,AC 不可能是 12. 对 $\triangle ABD$ 应用余弦定理可得 $\cos\angle BAD=\frac{1}{12}$. 由于 $\angle ABC$ 是 $\angle BAD$ 的补角,$\cos\angle ABC=-\frac{1}{12}$. 再对 $\triangle ABC$ 应用余弦定理可得 $y=\sqrt{14}$.

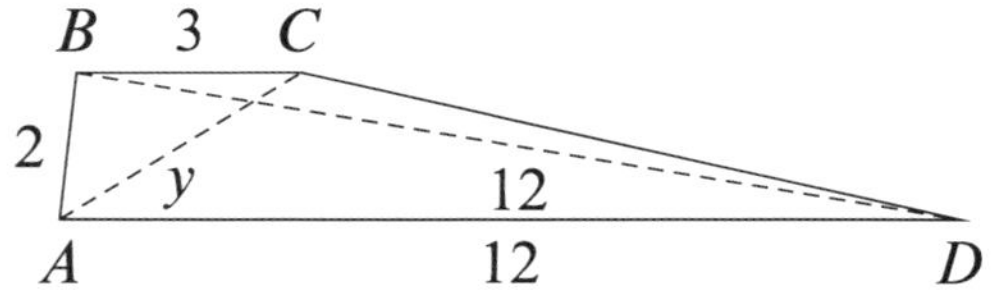

图 4.8.4

7. 当一条曲线关于直线 $y = k$ 反射时，原先的每个 y 都对应到 $2k - y$. 由此我们得到最后的抛物线方程为 $(2 \cdot 3 - y) = (2 \cdot 2 - x)^2$，即 $y = -x^2 + 8x - 10$，所以 $(b, c) = (8, -10)$.

8. 每个方括号都可以因式分解，由此可得

$$
\begin{aligned}
N &= a!b!(a+2)^2(b+2)^2 \\
&= (a!)^2[b(b-1)(b-2)\cdots(a+1)](a+2)^2(b+2)^2
\end{aligned}
$$

那么方括号里面的数必然是完全平方数，这说明方括号里面只能有一个数 b，于是 $b = a + 1$，且 b 是在 20 到 40 之间的完全平方数. 因此 $b = 25$ 或 36，$a = 24$ 或 35，两种情形都满足.

4.8.4 接力题 1

1. 设两位数是 AB，那么 $(A + B)^2 - (A^2 + B^2) = 2AB = k^2$. 取 $A = 9, B = 8$，答案为 98.

2. 我们有 $T = 98, R = 2$. 如图 4.8.5，其中 I，Ⅱ，Ⅲ，IV 的面积相同. 利用割补法可知原图形面积等于矩形 $ACFE$ 的面积，面积为 $2R^2 = 8$.

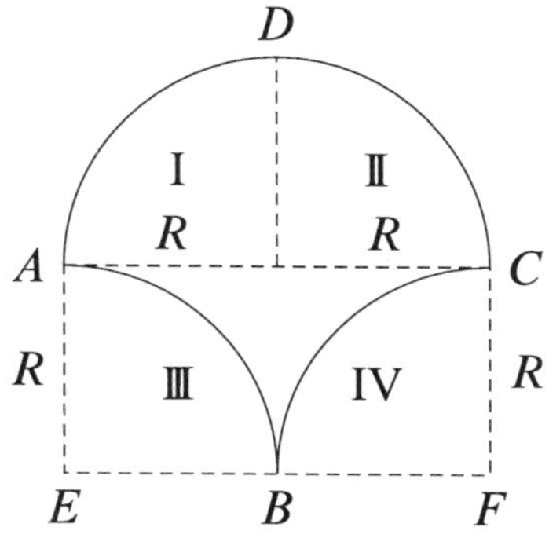

图 4.8.5

3. 我们有 $A = 8$. 由 $7 \mid [100(A - C) + (C - A)]$，我们得到 $7 \mid 99(A - C)$，这意味着 $7 \mid (A - C)$，所以 $C = A \pm 7, C = 1$.

4.8.5 接力题 2

1. 当这两个顶点的连线是正方形的对角线时,面积最小,此时对角线长度为 4,最小面积为 $\frac{1}{2}\cdot 4^2=8$.

2. 我们有 $T=8, K=3$. 设 $n=2^k a$,其中 a 是一个不小于 1 的奇数. 如果 $a>1$,那么 $2^k<n$,于是 $2^k\mid n$,且 $2^k\mid \frac{n}{2}$. 所以 $2^k\mid 2^{k-1}a$ 也意味着 $2\mid a$. 而这是不可能的,所以 $a=1, n=2^k$. 在三位数中,2 的最大幂次是 512.

3. 我们有 $N=512, K=8$. 由于两条弧的差必为 $2\cdot 30^\circ$,且 60° 对应的弧长为 $\frac{2\pi r}{6}$,我们有 $K\pi-2\pi=\frac{2\pi r}{6}$,这意味着 $r=3K-6=18$.

4.9 1991 年纽约数学竞赛

4.9.1 能力题

1. (1) 我们有 $3=1+2$ 且 $3=3$,所以 $T(3)=2$;$7=3+4$ 且 $7=7$,所以 $T(7)=2$.

   (2) 我们有 $21=1+2+3+4+5+6, 21=6+7+8, 21=10+11, 21=21$, 所以 $T(21)=4$; $42=3+4+5+6+7+8+9, 42=9+10+11+12, 42=13+14+15, 42=42$,所以 $T(42)=4$.

   (3) 我们有 $9=2+3+4, 9=4+5, 9=9$, 所以 $T(9)=3$; $27=2+3+4+5+6+7, 27=8+9+10, 27=13+14, 27=27$,所以 $T(27)=4$.

2. (1) 等式 $n+(n+1)+(n+2)=3n+3=3(n+1)$ 意味着 $n+1=3x^2$. 对 $x=1,2,3$,我们有 $3(n+1)=9x^2=9,36,81$.

   (2) 我们有 $n+(n+1)+\cdots+(n+7)=8n+28=4(2n+7)$. 一个偶的立方数必为 8 的倍数,但 $2n+7$ 不是偶数.

   (3) 我们有 $n+(n+1)+\cdots+(n+k-1)=kn+\frac{k(k-1)}{2}=k\left(n+\frac{k-1}{2}\right)$,这是 k 的整数倍,当且仅当 $2\mid(k-1)$,即 k 为奇

数，因此所求答案为所有大于 1 的奇数.

3. (1) 由于 $p=p$，且 $p=2x+1=x+(x+1)$，那么 $T(p)$ 至少是 2. 令

$$p=n+(n+1)+\cdots+(n+k-1)=kn+\frac{(k-1)k}{2}$$

其中 $k>2$. 如果 k 为奇数（$k=2y+1, y\geqslant 1$），那么 $p=(2y+1)n+y(2y+1)=(2y+1)(n+y)$，这是不可能的. 如果 k 为偶数（$k=2z, z>1$），那么 $p=2zn+(2z-1)z=z(2n+2z-1)$，这也不可能，因此 $T(p)=2$.

(2) 由于 $2^a=2^a$，那么 $T(2^a)$ 至少是 1. 如果 $2^a=kn+\frac{(k-1)k}{2}, k>1$，那么 $k(2n+k-1)=2^{a+1}$. 于是每个因子都是 2 的幂，其中 k 是 2 的较小的幂，但这里的因子的奇偶性相反. 2 的唯一的奇数幂是 $2^0=1$，所以 $k=1$，这不可能. 因此 $T(2^a)=1$.

(3) 如果 $p^a=kn+\frac{(k-1)k}{2}$，那么 $k(2n+k-1)=2p^a$. 我们有 $a+1$ 种方法将 p^a 分解成两部分（$1\cdot p^a, p\cdot p^{a-1}, p^2\cdot p^{a-2}, \cdots, p^a\cdot 1$），将每种分解的左边乘以 2，得到 $2p^a$ 的所有可能分解方式，即 $2\cdot p^a, 2p\cdot p^{a-1}, 2p^2\cdot p^{a-2}, \cdots, 2p^a\cdot 1$. 现在令 k 是较小的因子，$2n+k-1$ 是较大的因子，我们就得到了所有可能的解. 因此 $T(p^a)=a+1$.

(4) 利用 (3) 的模式，我们有 $k(2n+k-1)=2p^aq^b$. 我们可以用 $(a+1)(b+1)$ 种方式将 p^aq^b 分解成两部分（每一个因子都形如 p^xq^y，其中 x 和 y 都是整数，且 x 的取值从 0 到 a，y 的取值从 0 到 b；因此 p^x 有 $a+1$ 种选择，q^y 有 $b+1$ 种选择，那么 p^xq^y 有 $(a+1)(b+1)$ 种选择），我们将每个因子左边乘以 2，剩下的部分与 (3) 的模式一致. 因此 $T(p^aq^b)=(a+1)(b+1)=T(p^a)\cdot T(q^b)$.

4. (1) 我们有 $T(15!)=T(2^{11}\cdot 3^6\cdot 5^3\cdot 7^2\cdot 11\cdot 13)=1\cdot 7\cdot 4\cdot 3\cdot 2\cdot 2=336$.

(2) 如果 $N=p^aq^br^c\cdots$，我们有

$$12=(a+1)(b+1)(c+1)\cdots$$

考虑到 $12=3\cdot 2\cdot 2=4\cdot 3=6\cdot 2=12\cdot 1$，我们让较小的素数对

应较大的因子（除了素数 2），且在每个因子中减去 1，我们比较 $3^2\cdot5^1\cdot7^1, 3^3\cdot5^2, 3^5\cdot5^1, 3^{11}$，其中最小的乘积是 $N=315$.

(3) 我们有 $k(2n+k-1)=2N=1\,020$. 我们需要两个因子，使得它们尽可能接近（奇偶性相反，且 k 是较小的数）. 由于 $1020=4\cdot3\cdot5\cdot17$，我们很容易得到 $20\cdot51$，所以 $k=20$ 且 $2n+k-1=2n+19=51$，于是 $n=16$.

4.9.2 团队题

1. 圆心为 $(5,7)$，半径为 $\sqrt{13}$，所以圆的方程为 $(x-5)^2+(y-7)^2=13$，即 $x^2+y^2-10x-14y+61=0$，因此答案就是 $(10,14,61)$.

2. 正多边形的内角是 $60°, 90°, 108°, 120°, \cdots$. 题中的信息说明这两个正多边形或者是一个三角形和一个六边形，或者是两个正方形. 由于边长为整数，周长为 15 的只能是三角形，每条边长都是 5，于是六边形的周长为 30.

3. 两种收费方式分别为每 $\dfrac{3}{5}$ 英里 60 美分，以及每 4 分钟 60 美分. 两种收费方式的等价性说明每 4 分钟走 $\dfrac{3}{5}$ 英里，因此时速就是 9 英里.

4. 将每一段分别向 x 轴投影，其长度分别为 $\cos^2 1°, \cos^2 2°, \cdots, \cos^2 90°$，所以最后的横坐标就是这些值的和，它等于 $(\cos^2 1°+\sin^2 1°)+(\cos^2 2°+\sin^2 2°)+\cdots+(\cos^2 44°+\sin^2 44°)+\cos^2 45°=\dfrac{89}{2}$.

5. **解法一** 根据帕斯卡三角形，左边的和等于 $\dbinom{1\,992}{992}$，即等于 $\dbinom{1\,992}{1\,000}$，所以 $x=1\,000$.

解法二 我们有

$$\frac{1\,991!}{991!1\,000!}+\frac{1\,991!}{992!999!}=\frac{1\,991!(992+1\,000)}{1\,000!992!}=\frac{1\,992!}{1\,000!992!}=\binom{1\,992}{1\,000}$$

所以 $x=1\,000$.

6. 数字 3 只能映射到 1 或 5. 如果 3 映射到 1,那么 4 必然映射到 2,5 映射到 3,这就不满足第二个条件. 因此 3 只能映射到 5,且完整的映射为,1 映到 3,2 映到 4,3 映到 5,4 映到 1,5 映到 2.

7. 第一个数字有 9 种取法,接下来的 6 位数都有 10 种取法,而后 7 位数必然与前面 7 位数匹配. 中间的数字有 10 种取法,因此,集合 S 中的 $9\cdot10^{14}$ 个整数中有 $9\cdot10^{6}\cdot10$ 个回文数,比率为 $\dfrac{1}{10^7}$,因此 $k=7$.

8. 如图 4.9.1,我们有 $d^2=(R+r)^2+(R-r)^2=2(R^2+r^2)=2(49+1)=100$,所以 $d=10$.

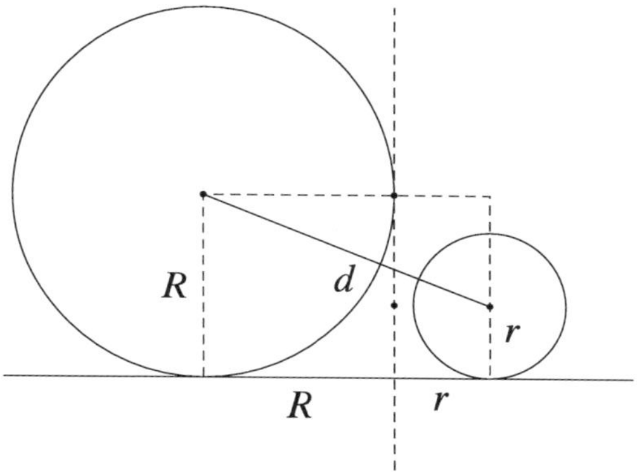

图 4.9.1

9. 第一个方程是 $\sqrt{(x-3)^2+y^2}=2\sqrt{(x+3)^2+y^2}$,可得 $x^2+y^2+10x+9=0$,即 $(x+5)^2+y^2=16$. 第二个方程为 $\sqrt{x^2+y^2}=k$,即 $x^2+y^2=k^2$. 那么当 $k=1$ 或 9 时,这两个圆相切,只有 $k=1$ 满足条件.

10. 如图 4.9.2,设 $\angle BAC=\theta$, $\angle PAQ=\phi$. 由于 $\dfrac{h}{c}=\cos\dfrac{\theta}{2}=\sqrt{\dfrac{1+\dfrac{1}{3}}{2}}=\sqrt{\dfrac{2}{3}}$, 所以 $c^2=\dfrac{3h^2}{2}$. 由 $h^2+9=c^2=\dfrac{3h^2}{2}$,我们得到 $h^2=18$ 且 $AP^2=19$. 因此 $\cos\phi=1-2\sin^2\dfrac{\phi}{2}=1-2\cdot\dfrac{1}{19}=\dfrac{17}{19}$. 这一问题也可应用余弦定理解决,一般情况下

$$\cos\phi=\frac{4+5\cos\theta}{5+4\cos\theta}$$

注：当 $\theta = 90^\circ$ 时，ϕ 大约是 37°；当 $\theta = 120^\circ$ 时，$\phi = 60^\circ$. 这也说明一个等腰三角形底边上的三等分线并没有将顶角三等分. 如果我们作的是顶角的三等分线（而不是底边的三等分线），那么

$$\frac{\text{中间线段的长度}}{\text{底边的长度}} = \frac{2\cos\frac{\theta}{3} - 1}{2\cos\frac{\theta}{3} + 1}$$

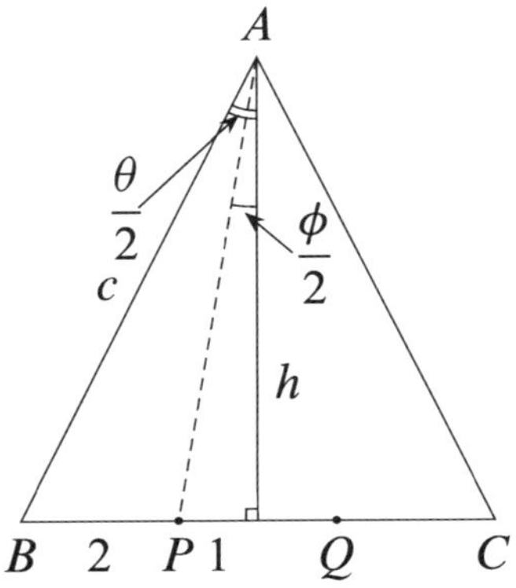

图 4.9.2

4.9.3 个人题

1. 由于乘积能被 5 和 2 整除，而不能被 4 整除，其中的两个因子必为 15 和 14（排除 28 和 36）. 乘积能被 9 整除，因此有一个因子是 27. 将这些因子除掉，得到 377，这个数不是 3 或 11 的倍数，因此 51 和 11 被排除. 仅剩的乘积末位数为 7 的一对因子是 13 和 29（且它们的乘积是 377）. 这些数的和为 98.

2. 我们有 $d = r + s = -b$，所以 $b + d = 0$，且 $e = rs = 9$. $f(x) + g(x) = 2x^2 + (b + d)x + (9 + e) = 2x^2 + 18 = 0$ 的根为 $\pm 3\mathrm{i}$.

3. 正确的和是 $10 + 11 + \cdots + 99 = \dfrac{99 \cdot 100}{2} - \dfrac{9 \cdot 10}{2} = 4\,905$. 约翰的回文数必然是 4 884，所以丢失的数为 21.

4. 方程 $133(n-1) + x = 180(n-2)$ 意味着 $x = 47n - 227$. 由于 x 介于 0 和 180 之间，我们只能有 $n = 5, 6, 7, 8$，可得 $x = 8, 55, 102, 149$.

5. **解法一**　如图 4.9.3，平行四边形的面积 $= 7x = 4(20-x)$，于是 $x=\dfrac{80}{11}$，所以 $\sin A = \sin E = \dfrac{4}{x} = \dfrac{11}{20}$.

解法二 我们有 $x\sin E = 4$，且 $(20-x)\sin E = 7$，相加可得 $20\sin E = 11$，所以 $\sin E = \dfrac{11}{20}$.

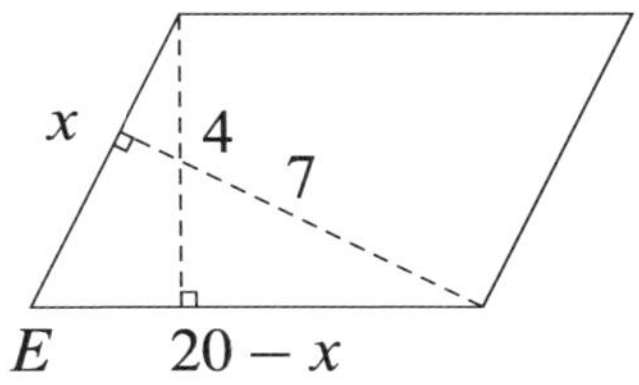

图 4.9.3

6. **解法一** 第三个方程必然是前面两个方程的线性组合. 如果第一个方程的 p 倍加上第二个方程的 q 倍得到第三个方程，那么利用对应项系数相等可得 $p+2q=a, p+4q=b, p+3q=2, 2p+5q=9$. 由后面两个等式可得 $p=17, q=-5$，所以 $(a,b)=(7,-3)$.

解法二 用行列式解出 x，但是令分子和分母的行列式等于 0（没有其他可能性能得到无穷多个 x），得到 $b=-3, a+b=4$，所以 $(a,b)=(7,-3)$. 该问题还有其他方法，可以给 x,y 赋任意值，或利用高斯消元.

7. 如图 4.9.4，我们有 $W^2 = \left(\dfrac{W}{2}\right)^2 + \left(\dfrac{L}{2}\right)^2$，所以 $3W^2 = L^2$，那么 $\dfrac{L}{W} = \sqrt{3}$.

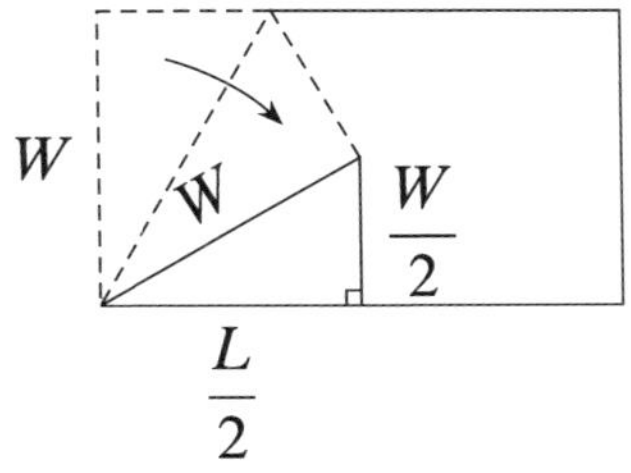

图 4.9.4

8. 5 的整除 26! 的最高次幂为 $\left[\dfrac{26}{5}\right] + \left[\dfrac{26}{5^2}\right] = 6$，2 的整除 26! 的最高次

幂为 $\left[\dfrac{26}{2}\right]+\left[\dfrac{26}{4}\right]+\left[\dfrac{26}{8}\right]+\left[\dfrac{26}{16}\right]=23$. 因此 26! 以 6 个 0 结尾，且 $N\left(=\dfrac{26!}{10^6}\right)$ 能被 2^{17} 整除，因此在 4 的幂中整除 N 的最大的数为 4^8. 3 的整除 26! 的最高次幂为 $\left[\dfrac{26}{3}\right]+\left[\dfrac{26}{9}\right]=10$. 于是在 12 的幂中整除 N 的最大的数为 12^8，所以 $k=8$.

4.9.4 接力题 1

1. 我们有 $\sin 2A=2\sin A\cos A=2\cos B\sin B=\sin 2B=\dfrac{1}{4}$.
2. 我们有 $T=\dfrac{1}{4}, N=3$，由于 N 位数不含数字 1 和 9，且首位数不能为 0，那么总的数目为

$$7\cdot 8\cdot 8\cdot 8\cdot\cdots=7\cdot 8^{N-1}=7\cdot 8^{12T-1}=7\cdot 8^2=448$$

3. 我们有 $T=448, P=28$. 利用圆的切线的性质，$GF=3, EC=5$. 设 $AH=AD=x, BH=BG=y$，那么 $2x+2y+16=P$，所以 $AB=x+y=\dfrac{P-16}{2}=\dfrac{\frac{T}{16}-16}{2}=\dfrac{T-256}{32}=6$. 你能否证明 $\triangle ABC$ 周长的最小值为 25.6?

4.9.5 接力题 2

1. 显然 x 介于 3 和 4 之间，所以 $[x]=3$，于是 $3x=11, x=\dfrac{11}{3}$. 注意 $[x]\cdot x=12$ 无解.
2. 我们有 $T=\dfrac{11}{3}, L=11$. 由于每个小的直角三角形都是等腰的，矩形的半周长为 L，那么 $2L=6T=22$.
3. 我们有 $T=22, N=9$. 由于矩形的每条对角线都是圆的直径，那么 $3^2+h^2=N^2+k^2$. 于是 $h^2-k^2=N^2-9$，所以 $(h+k)(h-k)=N^2-9$，且 $h-k=\dfrac{N^2-9}{24}=\dfrac{81-9}{24}=3$.

4.10　1992 年纽约数学竞赛

4.10.1　能力题

1. (1) ① $(2,5)$.

② D.

③ $T=\sqrt{29}, L=6$.

(2) ① 我们有 $T=\sqrt{q^2+r^2}, L=q+r-1$.

② a. 最后的角落的横坐标和纵坐标的奇偶性与 q 和 r 的奇偶性保持一致. 因此 $(q,r)=$(奇, 偶) 意味着最后的角落是 $B(1,0)$; (奇, 奇) 以 C 结尾; (偶, 奇) 以 D 结尾. 没有路径能在角落 A 结束,因为 q 与 r 互素,不可能都是偶数.

b. 由于 $q+r$ 必为偶数,但它们不能同为偶数,因此必然都为奇数,于是最后的角落是 C.

c. 要想以 C 结尾,q 和 r 必然都是奇数(不妨设 $q=2s+1, r=2t+1$),那么 $T=\sqrt{2(2s^2+2t^2+2s+2t+1)}$,这不可能是有理数,因为根号中的第二个因子不含因子 2. 为了让路径的长度为有理数,q 和 r 必然是一个毕达哥拉斯直角三角形的两条直角边的长,其中有一条为 4 的倍数,而要想路径以 C 结尾,q 和 r 必然都是奇数,这不可能.

(3) ① 等式 $q+r=18$ 导致 $a=\frac{1}{17}, \frac{5}{13}$ 或 $\frac{7}{11}$.

② 等式 $q^2+r^2=65$ 只对 $(q,r)=(1,8)$ 和 $(4,7)$ 成立. 对前者,$L=8$,且路径以 B 结尾;对后者,$L=10$,且路径以 D 结尾.

(4) ① 设 $q+r=k(=L+1)$,那么 $T^2=q^2+r^2=k^2-2qr$,当 T^2 取最小值时,T 取最小值,此时 qr 取最大值. 但由于 $q+r$ 是常数,其乘积只有当它们尽可能接近的时候最大. 这意味着 $a\left(=\frac{q}{r}\right)$ 尽可能接近 1,于是 P_1 尽可能接近角落 C.

② a. 等式 $q+r=101$ 意味着 $a=\frac{q}{r}=\frac{50}{51}$(因为这样的路径最短),最后的角落是 D,在 $\overrightarrow{AP_1}$ 上相应于 P_{100} 的点是 $J(50,51)$. 相应于 P_{99} 的点是 AJ 与格线的交点,靠近点 J. 直线 AJ 的方

程为 $y=\frac{51}{50}x$，由于此直线的斜率大于 1，我们要找的点在格线 $y=50$ 上（而不是 $x=49$），且介于 B 与 A 的像之间. 所以 P_{99} 的像为 $\left(\frac{50^2}{51},50\right)$，非常接近 B 的像. 此时 P_{99} 的坐标为 $\left(1-\left[\frac{50^2}{51}-49\right],0\right)=\left(\frac{50}{51},0\right)$. 另一种方法：因为路径是对称的，所以 $BP_{99}=DP_1=\frac{50}{51}$.

b. 一般地，对所有的 $n<L$，如果 P_n 的像为 (x,y)，那么 $[x]+[y]=n$（对 $n=L$，$[x]+[y]=x+y=n+1$）. 对 $n=22$，$[x]+[y]=22$. 于是我们有

$$[x]+\left[\frac{51}{50}x\right]=[x]+\left[x+\frac{x}{50}\right]=22$$

或者

$$\left[\frac{50}{51}y\right]+[y]=\left[y-\frac{y}{51}\right]+[y]=22$$

显然只有 $x=11$ 满足. 那么 P_{22} 的像为 $\left(11,51\cdot\frac{11}{50}\right)$，这导致 P_{22} 为 $\left(1,\frac{39}{50}\right)$.

2. 矩形的角落的像形如 $A'(4v,2w)$，$B'(4v+2,2w)$，$C'(4v+2,2w+1)$ 和 $D'(4v,2w+1)$. $\overrightarrow{AP_1}$ 上的格点形如 (kq,kr). 设 J 是第一个使得 kq 是偶数的点. 如果 q 为奇数，那么 $k=2$，且 J 对应于 B. 如果 q 是“二重偶数”（4 的倍数），那么 r 必为奇数，$k=1$，且 J 对应于 D. 如果 q 是“一重偶数”（被 2 整除，而不被 4 整除），那么 r 必为奇数，$k=1$，且 J 对应于 C. 没有能够使 A 作为终端角落的 q 值.

3. 我们有 $L=14$，$T=7$，最后的角落是 B.

4.10.2 团队题

1. 记左下角的顶点为 A，上面的顶点为 B，最后的顶点为 C，高为 AE 和 CD.

解法一 由 $\triangle ABE \backsim \triangle CBD$,我们有 $\dfrac{2}{8}=\dfrac{3}{2+x}$, $x=10$.

解法二 一个直径为 AC 的圆过点 D 和点 E,我们有 $3\cdot 8=2(2+x)$,所以 $x=10$.

解法三 在直角 $\triangle ABE$ 中,$AE=\sqrt{60}$,因而在直角 $\triangle ACE$ 中,$AC=\sqrt{60+x^2}$,那么在直角 $\triangle ACD$ 中,$CD=\sqrt{35+x^2}$. 最后,在直角 $\triangle BCD$ 中,$3^2+(35+x^2)=(2+x)^2$,所以 $x=10$.

解法四 由直角 $\triangle ABE$ 和直角 $\triangle BED$,我们得到 $AE=\sqrt{60}$, $CD=\sqrt{x^2+4x-5}$,故得到 $\triangle ABC$ 的面积

$$(2+x)\sqrt{60}=8\sqrt{x^2+4x-5}$$

得到 $x=10$ 是唯一正根.

2. 设三角形的两条直角边长为 a 和 $2a$,那么斜边长是 $a\sqrt{5}$(且此斜边上的高为 2). 那么三角形的面积为 $K=\dfrac{1}{2}\cdot 2a\cdot a=\dfrac{1}{2}\cdot 2\cdot a\sqrt{5}$,所以 $a=\sqrt{5}$, $K=5$.

3. 因式分解,我们有 $14!=2^{11}\cdot 3^5\cdot 5^2\cdot 7^2\cdot 11\cdot 13$,以及 $16!=2^{15}\cdot 3^6\cdot 5^3\cdot 7^2\cdot 11\cdot 13$. 因此所求的答案就是 2^{12}, 3^6 和 5^3 中最小的数,即 125.

4. 由于 $x\cdot y=DDD=D\cdot 111=D\cdot 3\cdot 37$. 如果 $D\geqslant 4$,那么我们有 $(x,y)=(3D,37)$;如果 $D=8$,那么我们有 $(x,y)=\left(3\cdot\dfrac{D}{2},74\right)$,共有 7 组这样的数.

5. 利用 $x^3+1=(x+1)(x^2-x+1)$ 我们有 $9^6+1=(9^2)^3+1=(9^2+1)(9^4-9^2+1)=82\cdot 6481=2\cdot 41\cdot 6\,481$. 由所给的条件,6 481 必为一个素数,且它就是所求的答案.

6. 由于 AB 为素数,那么 B 必然为 1, 3, 7, 9. 注意到两位的平方数没有以 7 或 9 开头的,因此 $B=1$ 或 3,且 $C=6$. 通过检查 61 到 69 的数,可以发现只有 63 和 68 满足问题的第三个条件,所以 $A=3$ 或 8. 再注意到条件一,那么满足条件的四位数只有 3 163 和 8 368.

7. $f\big(f(x)\big)=\big|3|3x-1|-1\big|=x$ 意味着 $3|3x-1|-1=\pm x$,所以 $3|3x-1|=1\pm x$. 如果 $x\geqslant\dfrac{1}{3}$,那么我们有 $9x-3=1\pm x$,可得

$x=\dfrac{1}{2}$ 或 $\dfrac{2}{5}$，这两个都满足. 如果 $x<\dfrac{1}{3}$，那么我们有 $3-9x=1\pm x$，可得 $x=\dfrac{1}{5}$ 或 $\dfrac{1}{4}$. 因此最后的答案为 $\dfrac{1}{4},\dfrac{1}{5},\dfrac{2}{5},\dfrac{1}{2}$.

8. **解法一** 设 $AO=p,BO=q,CO=r$，那么由 $pq=8,pr=12,qr=24$ 可得 $p=2,q=4,r=6$（只需注意到 $(pqr)^2=8\cdot12\cdot24$，所以 $pqr=48$，那么 $p=\dfrac{pqr}{qr}=\dfrac{48}{24}=2$，其他的类似.）. 由勾股定理可得，在 $\triangle ABC$ 中，$AB=\sqrt{4+16}=2\sqrt{5}$，$AC=2\sqrt{10}$，$BC=2\sqrt{13}$. 对 $\triangle ABC$ 应用海伦公式可得面积为 $S=\sqrt{s(s-a)(s-b)(s-c)}=14$，其中 $s=\sqrt{5}+\sqrt{10}+\sqrt{13}$.

解法二 可以证明，如果 $\triangle OAB,\triangle OAC,\triangle OBC$ 和 $\triangle ABC$ 的面积分别为 K_1,K_2,K_3 和 K，那么 $K^2=K_1^2+K_2^2+K_3^2$. 于是 $K^2=16+36+144=196$，$K=14$.

9. 等式两边分别加上 $1+2+3+\cdots+n$ 可得

$$2\cdot\frac{n(n+1)}{2}=\frac{(n+k)(n+k+1)}{2}$$

所以 $n^2-(2k-1)n-k(k+1)=0$，于是 $n=\dfrac{2k-1+\sqrt{8k^2+1}}{2}$. 我们需要求使得 $8k^2+1$ 为完全平方数的最小的 k. 连续尝试以后，我们很快得到 $k=6$，此时 $n=\dfrac{11+\sqrt{289}}{2}=14$.（$(k,n)$ 的样本值：由 $(1,2)$ 可得 $1+2=3$，由 $(6,14)$ 可得 $1+2+\cdots+14=15+16+\cdots+20$，由 $(35,84)$ 可得 $1+2+\cdots+84=85+86+\cdots+119$，…….我们可以找出连续的 k 和 n 的递推式.）

10. 设此五边形为 $ABCDE$，且 $AE=6$. 设 $AD=a,AC=BD=CE=b$. 对圆内接四边形 $ABCD$ 应用托勒密定理，我们有 $16a+16^2=b^2$；再对四边形 $ACDE$，有 $16b+96=ab$. 将第一个方程解出 a 以后代入第二个方程，可得 $b^3-2^9b-2^9\cdot3=0$，此方程只有一个正根 $b=24$. $\triangle ABC$ 和 $\triangle CDE$ 都是等腰三角形（边长为 16, 16, 24），面积均为 $48\sqrt{7}$. $\triangle ACE$ 也是等腰三角形（边长为 24, 24, 6），面积为 $27\sqrt{7}$. 由这些三角形的面积之和就得到了五边形的面积为 $123\sqrt{7}$，所以 $k=123$.

4.10.3　个人题

1. 利用勾股数可得 $2(25^2)^5+3(25^2)^5=5\cdot 25^{10}=5^{21}$,所以 $k=21$.

2. 本题即要求介于 $(7^2)^2=49^2$ 和 $(2^2)^7=(2^7)^2=128^2$ 之间的平方数的个数,为 $128-49-1=78$.

3. 此即 $(3^6-2^6)^2=[(3^3+2^3)(3^3-2^3)]^2=(35\cdot 19)^2$,因此答案是 19.

4. 此六边形只有一种可能的方向. 让顶点逆时针放置,原点为 O. 那么点 B 为 $(0,4\sqrt{3})$,而点 F 为 $(12,0)$,那么显然点 D 为 $(12,8\sqrt{3})$.

5. 设 AB 的中点为 M,那么折痕 XY 是 CM 的垂直平分线. 设点 P 是 XY 与 CM 的交点,那么 $CP=\frac{1}{2}CM=\frac{1}{2}\cdot\frac{1}{2}AB=9$,$\triangle XYC$ 的面积为 $\frac{1}{2}CP\cdot XY=90$.

6. 我们有 $\cos x-\tan x=\sec x-\cos x$,这意味着 $\cos^2 x-\sin x=1-\cos^2 x$. 因此 $2\sin^2 x+\sin x-1=0$,于是 $\sin x=-1$ 或 $\frac{1}{2}$. 所以 $x=270°$, $30°$ 或 $150°$. 将这些值分别代入等差数列的项中,我们发现 $x=270°$ 使得第三项无意义;$x=30°$ 可得到序列 $\frac{1}{\sqrt{3}}=\frac{2\sqrt{3}}{6}$, $\frac{\sqrt{3}}{2}=\frac{3\sqrt{3}}{6}$, $\frac{2}{\sqrt{3}}=\frac{4\sqrt{3}}{6}$, $\cot 30°=\sqrt{3}=\frac{6\sqrt{3}}{6}$ 将是第五项,所以 $k=5$;$x=150°$ 可得到序列 $-\frac{2\sqrt{3}}{6}$, $-\frac{3\sqrt{3}}{6}$, $-\frac{4\sqrt{3}}{6}$, $\cot 150°=-\frac{6\sqrt{3}}{6}$ 也是序列的第五项.

7. 将式子两两乘开得

$$\begin{aligned}(r^2+5r-6)(r^2+5r+6)&=[(r^2+5r+7)-13][(r^2+5r+7)-1]\\&=(-13)\cdot(-1)=13\end{aligned}$$

8. 如图 4.10.1, 联结 AD, DE, EB, 记圆与三角形的斜边分别相切于点 P, Q,联结 DP, EQ. 设 $AP=x$, $BQ=y$,每个圆的半径都为 r,注意到 $PQ=2r$. 对于直角三角形,利用三角关系可得

$$\frac{r}{x}=\tan\frac{A}{2}=\sqrt{\frac{1-\cos A}{1+\cos A}}$$

$$= \sqrt{\frac{\left(1-\frac{b}{c}\right)}{\left(1+\frac{b}{c}\right)}} = \sqrt{\frac{c-b}{c+b}}$$

$$= \sqrt{\frac{c^2-b^2}{(c+b)^2}} = \frac{a}{c+b}$$

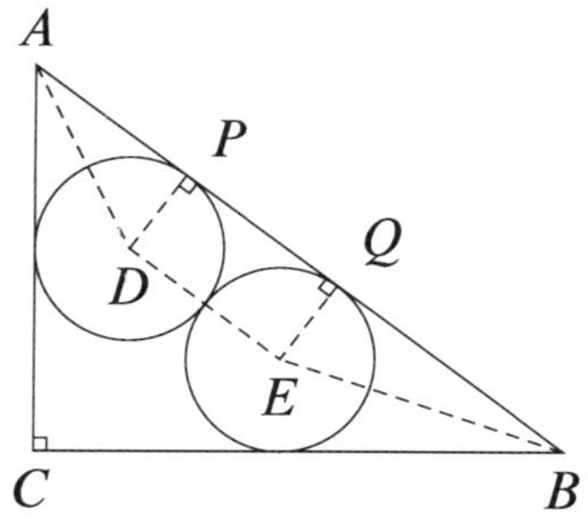

图 4.10.1

类似地，$\frac{r}{y} = \tan\frac{B}{2} = \frac{b}{c+a}$. 于是

$$c = x + y + 2r = \frac{r(c+b)}{a} + \frac{r(c+a)}{b} + 2r$$

所以

$$abc = rb(c+b) + ra(c+a) + 2abr$$

因此

$$\begin{aligned} r &= \frac{abc}{bc+b^2+ac+a^2+2ab} \\ &= \frac{abc}{(a+b)^2+c(a+b)} \\ &= \frac{abc}{(a+b)(a+b+c)} \end{aligned}$$

在本题中，$r = \frac{3\cdot 4\cdot 5}{7\cdot 12} = \frac{5}{7}$.

4.10.4　接力题 1

1. 此即 $\lg 2^{16}+\lg 5^{16}=16(\lg 2+\lg 5)=16\lg 10=16$.

2. 我们有 $T=16, D=8$,正方形的半对角线长必为 b. 过点 $(1\,992, D)$ 且包含正方形一边的直线方程为 $y=-x+b$, 于是 $b=y+x=1\,992+D=2\,000$.

3. 我们有 $T=2\,000, R=24$. 令两个式子相等可得 $n^2+n-56=0$, 所以 $n=7$ 或 -8. 那么每个表达式都等于 $175-R$ 或 $160-R$. 对 $R=24$,只有前者是素数,$p=151$.

4.10.5　接力题 2

1. 三角形的重心为 $G(4,2)$,顶点为 $A(a,0)$ 和 $B(0,b)$, $O(0,0)$. 设两条中线为 AM 和 BN,显然过 G 的竖线与 OM 平行,此线将 MA 和 OA 成比例分割. 由于 $MG=\frac{1}{3}MA$,我们有 $4=\frac{1}{3}OA$,所以 $OA=a=12$. 类似地,考虑过点 G 的水平线,由 $2=\frac{1}{3}OB$ 有 $OB=b=6$. 那么 $\triangle OAB$ 的面积为 $\frac{1}{2}ab=36$.

2. 我们有 $T=36, R=9$,因此 $\dfrac{xR}{R+x}=6$,这意味着 $x=\dfrac{6R}{R-6}=18$.

3. 我们有 $T=18$. 或者 $x-T=0$,那么 $x=T$;或者 $x-T$ 是一个直角三角形的一条直角边的长,而另一条直角边的长为 4. 唯一这样的三角形的边长是 3, 4, 5,所以 $x-T=3, x=T+3$. 这个数比 T 大,所以 $x=T+3=21$.

4.11　加赛题解答

1. 答案是 41. 详细解答参见 1992 年美国地区数学联赛团队题 8.

2. 将正七边形内接于一个圆,每一段劣弧都是 $\dfrac{360^\circ}{7}$,于是 $\angle APB=\dfrac{1}{2}\left(\dfrac{360^\circ}{7}+\dfrac{3\cdot 360^\circ}{7}\right)=\dfrac{720^\circ}{7}$.

3. 取 $x=0$ 可得 $-1=-A+B-C+D$，再取 $x=2$ 可得 $33=A+B+C+D$，相加可得 $B+D=16$.

4. 设 AC,BP 交于点 Q，$AQ=p,CQ=q,BQ=t,PQ=x$. 我们有 $p:q=6:8$，这说明 $p=6k,q=8k$，于是 $14k=7,k=\frac{1}{2}$，所以 $p=3,q=4$；$t^2=6\cdot 8-pq=36$，所以 $t=6$；由 $tx=pq$ 可得 $6x=12,x=2$，于是 $BP=8$.

5. 由算术–几何平均值不等式，有 $\frac{x+4y+16z}{3}\geqslant\sqrt[3]{x\cdot 4y\cdot 16z}$，这意味着 $40\geqslant 4\sqrt[3]{xyz}$，因此 $xyz\leqslant 1\,000$. 所以

$$\lg x+\lg y+\lg z=\lg xyz\leqslant\lg 1\,000=3$$

6. 注意到 $A_n=n^2$，且

$$B_n=\lg(A_1A_2\cdots A_n)=\lg(1^2\cdot 2^2\cdots n^2)=2\lg(n!)$$

于是 $B_6+B_7=B_x$ 意味着 $2\lg(6!)+2\lg(7!)=2\lg(6!\cdot 7!)=2\lg(x!)$，所以 $x!=6!\cdot 7!=10!$，因此 $x=10$.

7. 注意到如果 $a=4-\sqrt{15}$，那么 $0<a<1$. 现在令

$$b=(4+\sqrt{15})^3+(4-\sqrt{15})^3$$

展开并化简可得 $b=1\,208$. 于是 $(4+\sqrt{15})^3=1\,208-a^3$，它介于 1 207 和 1 208 之间，因此答案是 1 207.

8. 我们有 $\cos 2x=2\cos x$，即 $2\cos^2 x-1=2\cos x$. 解此二次方程可得 $\cos x=\frac{1\pm\sqrt{3}}{2}$. 只有 $\cos x=\frac{1-\sqrt{3}}{2}$ 满足要求，于是 $\frac{\sin 2x}{\sin x}=2\cos x=1-\sqrt{3}$.

9. 我们有

$$S_n=(1+2+\cdots+n)^2=\left(\frac{n(n+1)}{2}\right)^2$$

所以 $\frac{1}{\sqrt{S_n}}=\frac{2}{n(n+1)}$. 于是

$$\frac{1}{\sqrt{S_1}}+\frac{1}{\sqrt{S_2}}+\cdots+\frac{1}{\sqrt{S_{1\,985}}}$$

$$= \frac{2}{1\cdot 2}+\frac{2}{2\cdot 3}+\frac{2}{3\cdot 4}+\cdots+\frac{2}{1\,985\cdot 1\,986}$$
$$= 2\left[\left(\frac{1}{1}-\frac{1}{2}\right)+\left(\frac{1}{2}-\frac{1}{3}\right)+\left(\frac{1}{3}-\frac{1}{4}\right)+\cdots+\left(\frac{1}{1\,985}-\frac{1}{1\,986}\right)\right]$$
$$= 2\left(1-\frac{1}{1\,986}\right)=\frac{1\,985}{993}$$

10. 因式分解可得 $y^2(y-x-3)=4x^2(y-x-3)$，于是 $(y-x-3)(y^2-4x^2)=0$，所以 $y-x-3=0$ 或 $y+2x=0$ 或 $y-2x=0$. 因此原图像是由三条直线构成的，三个交点为 $(0,0)$, $(-1,2)$ 和 $(3,6)$. 以这三个点为顶点的三角形的面积为 6.

11. 注意到最短的高对应最长的边. 如果 4 和 5 是直角三角形的两边长，那么第三条高就是斜边上的高，此时它是最短的，而最长的高为 5. 如果 4 和 5 不是全是直角边，那么其中有一条为斜边上的高，必然是 4，这条高把斜边分成两段，其中一段的长为 3，另一段计算可得长为 $\frac{16}{3}$. 那么利用勾股定理，剩下的直角边的长为 $\frac{20}{3}$，这就是可能的最长的高.

12. 如图 4.11.1，将三个平行四边形补齐，我们注意到 $CP=AB=QC$，且 $CP /\!/ AB /\!/ QC$. 因此 QCP 必然是一条直线段，且其中点为 C. 于是 $\frac{a+b}{2}=6$，所以 $a+b=12$. 类似地，$b+c=2$ 且 $a+c=8$. 各式相加以后除以 2 可得 $a+b+c=11$. 注意到这就是点 A, B, C 的横坐标之和.

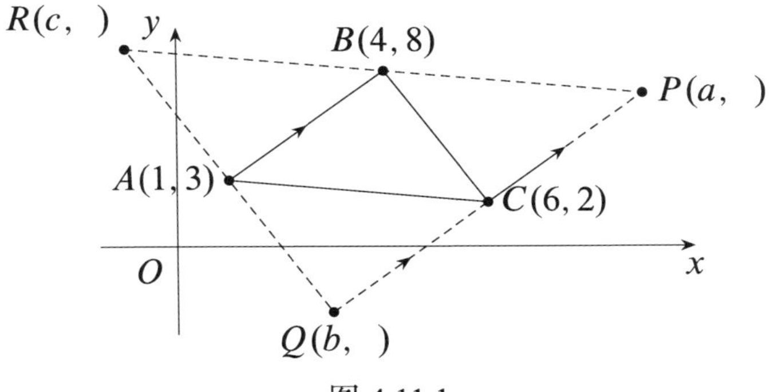

图 4.11.1

13. 公共根 r 必然是两个方程的差的根,即 $x(b-c)+(c-b)=0$,因此 $r=1$. 利用两根之积,我们得到 $s=c,t=b$,所以 $s+t=c+b$. 在第一个方程中取 $x=1$ 可得 $1+b+c=0$,所以 $s+t=c+b=-1$.

14. 这两条直线关于直线 $y=x$ 对称,因此如果 (a,b) 在一条直线上,那么 (b,a) 就在另一条直线上. 这说明它们的斜率之积 $pq=1$. 现在

$$(p-q)^2=(p+q)^2-4pq=13-4=9$$

所以 $p-q=3$.

15. 设 $AB=n,PB=q$, 那么 $(q+n)q=\dfrac{81}{4}$, 这意味着 $4q^2+4qn-81=0$, 所以 $q=\dfrac{-n+\sqrt{n^2+81}}{2}$. 我们需要找到所有整数 n, 使得 n^2+81 是一个完全平方数, 设为 a^2. 那么由 $a^2-n^2=81$ 可得 $(a-n)(a+n)=1\cdot 81$ 或 $3\cdot 27$(注意到 $(a-n)(a+n)=9\cdot 9$, 则 $n=0$.). 这样就得到了两组齐次方程组 $a-n=1,a+n=81$ 和 $a-n=3,a+n=27$,由此得 $n=40$ 和 12.

16. 我们有

$$5^{\lg 2+\lg 9}\cdot 2^{\lg 3+\lg 6}=5^{\lg 18}\cdot 2^{\lg 18}=10^{\lg 18}=18$$

17. 注意到 $x=45^\circ$ 不满足方程. 等式右边分子、分母同乘以 $\cos x-\sin x$,我们得到 $\tan 2x=\dfrac{\cos^2 x-2\sin x\cos x+\sin^2 x}{\cos^2 x-\sin^2 x}$,所以 $\dfrac{\sin 2x}{\cos 2x}=\dfrac{1-\sin 2x}{\cos 2x}$. 于是 $2\sin 2x=1,2x=30^\circ$ 或 150°, 这意味着 $4x=60^\circ$ 或 300°,所以 $|\tan 4x|=\sqrt{3}$.

18. 我们有

$$\begin{aligned}3^{12}(3^2+3)-12&=12(3^{12}-1)=12(3^6+1)(3^6-1)\\&=12(3^6+1)(3^3+1)(3^3-1)\\&=12\cdot 730\cdot 28\cdot 26\\&=12\cdot 73\cdot 10\cdot 28\cdot 26\end{aligned}$$

显然最大的素因子为 73.

19. 我们有 $(\sqrt{5})^{2\sqrt{2}} \cdot (\sqrt[3]{2})^{3\sqrt{2}} = 5^{\sqrt{2}} \cdot 2^{\sqrt{2}} = 10^{\sqrt{2}}$,因此 $\lg 10^{\sqrt{2}} = \sqrt{2}$.

20. 记原点为 O,设 $OA = 1, OB = m$. 我们有 $OC = m^2, OD = m^3, OE = m^4$,于是 $m^4 - 1 = m^2 + 1$,这导致 $m^4 - m^2 - 2 = 0$,即 $(m^2 - 2)(m^2 + 1) = 0$,所以 $m = \sqrt{2}$.

21. 对一位数 A,A^3 总是被 A 整除;对二位数 AB,$A^3 + B^3 = (A + B)(A^2 - AB + B^2)$ 也被 $A + B$ 整除. 因此所求的数至少是三位数. 由于从 100 到 110 的数都包含 0,这和两位数的情形等价. 于是我们考虑 111(此时 3 整除 3),然后考虑 112(此时 4 不整除 10),因此答案为 112.

22. 这些格点会等距地排在联结 (0, 70) 和 (110, 0) 的线段上,所以其横坐标会构成一个等差数列,其平均值为 $\dfrac{110}{2} = 55$.

23. 我们有

$$\begin{aligned} 2r^2 + rs + s^2 + r + 7 &= (r^2 + r + 7) + (r^2 + rs + s^2) \\ &= 0 + [(r + s)^2 - rs] \\ &= (-1)^2 - 7 \\ &= -6 \end{aligned}$$

24. 记三个整数为 $a - d, a, a + d$,那么

$$\begin{aligned} \frac{(a - d)^3 + a^3 + (a + d)^3}{(a - d) + a + (a + d)} &= \frac{3a^3 + 6ad^2}{3a} \\ &= a^2 + 2d^2 = 81 \end{aligned}$$

显然 a 必为奇数,且不超过 10. 检验 $a = 1$ 或 5,此时 d 是无理数. 若 $a = 3$,则 $d = \pm 6$,其中有一项为负的. 若 $a = 9$,则 $d = 0$,三个数就相同了. 只有 $a = 7$ 满足,此时 $d = \pm 4$,三个数为 3, 7, 11.

25. 如图 4.11.2,OC 的斜率为

$$\tan 2\theta = \frac{2\tan\theta}{1 - \tan^2\theta} = \frac{\frac{3}{2}}{1 - \frac{9}{16}} = \frac{24}{7}$$

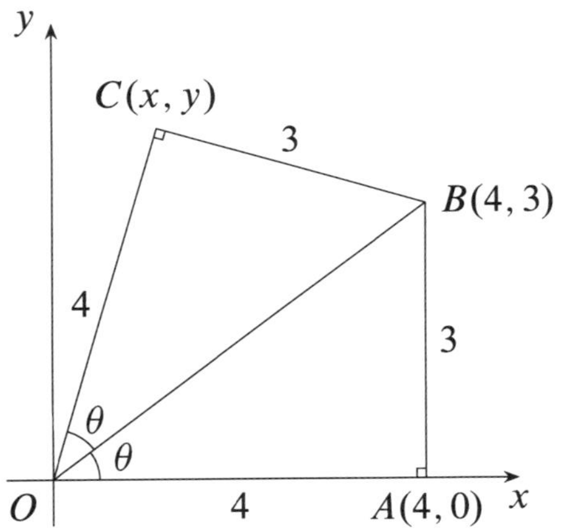

图 4.11.2

26. 设圆的半径为 r，联结圆心与切点，设切线与 x 轴的夹角为 θ. 那么 $\tan\theta = \dfrac{4}{3}$，意味着 $\sin\theta = \dfrac{4}{5} = \dfrac{r}{r+1}$，所以 $r = 4, b = 2r + 1 = 9$.

27. 我们需要 $x^2 + 1 = y^2 + 10\,000, x \geqslant 1, y \geqslant 1$. 现在

$$(x+y)(x-y) = 9\,999 = 3 \cdot 3 \cdot 11 \cdot 101.$$

考虑对因子的不同分组，且显然 $x > y, x + y > x - y$，我们得到一系列方程. 我们主要知道的是有多少个方程，而不是怎么解方程，因为每个方程都对应了一组有效的 (x, y)：

(1) $x + y = 9\,999$，使用了 4 个因子，此时 $x - y = 1$.

(2) $\begin{cases} x + y = 3\,333 \\ x + y = 909 \end{cases}$，每个都使用了 3 个因子.

(3) $\begin{cases} x + y = 1\,111 \\ x + y = 303 \end{cases}$，每个都使用了 2 个因子.

(4) $x + y = 101$，只使用了 1 个因子.

因此答案是 6.

28. 我们必有 $n = 5k, n = 6l + 3 = 3(2l + 1)$，这是一个奇数的 3 倍，且 $n = 7m$. 因此，n 是 $5 \cdot 3 \cdot 7 = 105$ 的奇数倍. 满足此条件且大于 200 的最小的数为 315.

29. **解法一**　记乘积的结果为 n，且注意到 9 966 333 是 3 的倍数. 于是我们有 $(3k+1)(3k-1)=9k^2-1=n$，这意味着 $9k^2=n+1$，所以 $9 \mid (n+1)$. 因此 $9 \mid 99\,327\,A93\,466\,889$. 于是 9 整除 $n+1$ 的各位数字之和，即 $83+A$，所以 $A=7$.

解法二　考虑乘积式模 9，我们有 $1+A=2\cdot 4$，所以 $A=7$.

刘培杰数学工作室
已出版(即将出版)图书目录——初等数学

书　　名	出版时间	定　价	编号
新编中学数学解题方法全书(高中版)上卷(第 2 版)	2018—08	58.00	951
新编中学数学解题方法全书(高中版)中卷(第 2 版)	2018—08	68.00	952
新编中学数学解题方法全书(高中版)下卷(一)(第 2 版)	2018—08	58.00	953
新编中学数学解题方法全书(高中版)下卷(二)(第 2 版)	2018—08	58.00	954
新编中学数学解题方法全书(高中版)下卷(三)(第 2 版)	2018—08	68.00	955
新编中学数学解题方法全书(初中版)上卷	2008—01	28.00	29
新编中学数学解题方法全书(初中版)中卷	2010—07	38.00	75
新编中学数学解题方法全书(高考复习卷)	2010—01	48.00	67
新编中学数学解题方法全书(高考真题卷)	2010—01	38.00	62
新编中学数学解题方法全书(高考精华卷)	2011—03	68.00	118
新编平面解析几何解题方法全书(专题讲座卷)	2010—01	18.00	61
新编中学数学解题方法全书(自主招生卷)	2013—08	88.00	261

数学奥林匹克与数学文化(第一辑)	2006—05	48.00	4
数学奥林匹克与数学文化(第二辑)(竞赛卷)	2008—01	48.00	19
数学奥林匹克与数学文化(第二辑)(文化卷)	2008—07	58.00	36′
数学奥林匹克与数学文化(第三辑)(竞赛卷)	2010—01	48.00	59
数学奥林匹克与数学文化(第四辑)(竞赛卷)	2011—08	58.00	87
数学奥林匹克与数学文化(第五辑)	2015—06	98.00	370

世界著名平面几何经典著作钩沉——几何作图专题卷(共 3 卷)	2022—01	198.00	1460
世界著名平面几何经典著作钩沉(民国平面几何老课本)	2011—03	38.00	113
世界著名平面几何经典著作钩沉(建国初期平面三角老课本)	2015—08	38.00	507
世界著名解析几何经典著作钩沉——平面解析几何卷	2014—01	38.00	264
世界著名数论经典著作钩沉(算术卷)	2012—01	28.00	125
世界著名数学经典著作钩沉——立体几何卷	2011—02	28.00	88
世界著名三角学经典著作钩沉(平面三角卷Ⅰ)	2010—06	28.00	69
世界著名三角学经典著作钩沉(平面三角卷Ⅱ)	2011—01	38.00	78
世界著名初等数论经典著作钩沉(理论和实用算术卷)	2011—07	38.00	126
世界著名几何经典著作钩沉(解析几何卷)	2022—10	68.00	1564

发展你的空间想象力(第 3 版)	2021—01	98.00	1464
空间想象力进阶	2019—05	68.00	1062
走向国际数学奥林匹克的平面几何试题诠释. 第 1 卷	2019—07	88.00	1043
走向国际数学奥林匹克的平面几何试题诠释. 第 2 卷	2019—09	78.00	1044
走向国际数学奥林匹克的平面几何试题诠释. 第 3 卷	2019—03	78.00	1045
走向国际数学奥林匹克的平面几何试题诠释. 第 4 卷	2019—09	98.00	1046
平面几何证明方法全书	2007—08	48.00	1
平面几何证明方法全书习题解答(第 2 版)	2006—12	18.00	10
平面几何天天练上卷・基础篇(直线型)	2013—01	58.00	208
平面几何天天练中卷・基础篇(涉及圆)	2013—01	28.00	234
平面几何天天练下卷・提高篇	2013—01	58.00	237
平面几何专题研究	2013—07	98.00	258
平面几何解题之道. 第 1 卷	2022—05	38.00	1494
几何学习题集	2020—10	48.00	1217
通过解题学习代数几何	2021—04	88.00	1301
圆锥曲线的奥秘	2022—06	88.00	1541

刘培杰数学工作室
已出版(即将出版)图书目录——初等数学

书　　名	出版时间	定　价	编号
最新世界各国数学奥林匹克中的平面几何试题	2007—09	38.00	14
数学竞赛平面几何典型题及新颖解	2010—07	48.00	74
初等数学复习及研究(平面几何)	2008—09	68.00	38
初等数学复习及研究(立体几何)	2010—06	38.00	71
初等数学复习及研究(平面几何)习题解答	2009—01	58.00	42
几何学教程(平面几何卷)	2011—03	68.00	90
几何学教程(立体几何卷)	2011—07	68.00	130
几何变换与几何证题	2010—06	88.00	70
计算方法与几何证题	2011—06	28.00	129
立体几何技巧与方法(第2版)	2022—10	168.00	1572
几何瑰宝——平面几何500名题暨1500条定理(上、下)	2021—07	168.00	1358
三角形的解法与应用	2012—07	18.00	183
近代的三角形几何学	2012—07	48.00	184
一般折线几何学	2015—08	48.00	503
三角形的五心	2009—06	28.00	51
三角形的六心及其应用	2015—10	68.00	542
三角形趣谈	2012—08	28.00	212
解三角形	2014—01	28.00	265
探秘三角形:一次数学旅行	2021—10	68.00	1387
三角学专门教程	2014—09	28.00	387
图天下几何新题试卷.初中(第2版)	2017—11	58.00	855
圆锥曲线习题集(上册)	2013—06	68.00	255
圆锥曲线习题集(中册)	2015—01	78.00	434
圆锥曲线习题集(下册·第1卷)	2016—10	78.00	683
圆锥曲线习题集(下册·第2卷)	2018—01	98.00	853
圆锥曲线习题集(下册·第3卷)	2019—10	128.00	1113
圆锥曲线的思想方法	2021—08	48.00	1379
圆锥曲线的八个主要问题	2021—10	48.00	1415
论九点圆	2015—05	88.00	645
近代欧氏几何学	2012—03	48.00	162
罗巴切夫斯基几何学及几何基础概要	2012—07	28.00	188
罗巴切夫斯基几何学初步	2015—06	28.00	474
用三角、解析几何、复数、向量计算解数学竞赛几何题	2015—03	48.00	455
用解析法研究圆锥曲线的几何理论	2022—05	48.00	1495
美国中学几何教程	2015—04	88.00	458
三线坐标与三角形特征点	2015—04	98.00	460
坐标几何学基础.第1卷,笛卡儿坐标	2021—08	48.00	1398
坐标几何学基础.第2卷,三线坐标	2021—09	28.00	1399
平面解析几何方法与研究(第1卷)	2015—05	28.00	471
平面解析几何方法与研究(第2卷)	2015—06	38.00	472
平面解析几何方法与研究(第3卷)	2015—07	28.00	473
解析几何研究	2015—01	38.00	425
解析几何学教程.上	2016—01	38.00	574
解析几何学教程.下	2016—01	38.00	575
几何学基础	2016—01	58.00	581
初等几何研究	2015—02	58.00	444
十九和二十世纪欧氏几何学中的片段	2017—01	58.00	696
平面几何中考.高考.奥数一本通	2017—07	28.00	820
几何学简史	2017—08	28.00	833
四面体	2018—01	48.00	880
平面几何证明方法思路	2018—12	68.00	913
折纸中的几何练习	2022—09	48.00	1559
中学新几何学(英文)	2022—10	98.00	1562
线性代数与几何	2023—04	68.00	1633
四面体几何学引论	2023—06	68.00	1648

刘培杰数学工作室
已出版(即将出版)图书目录——初等数学

书　　名	出版时间	定　价	编号
平面几何图形特性新析．上篇	2019—01	68.00	911
平面几何图形特性新析．下篇	2018—06	88.00	912
平面几何范例多解探究．上篇	2018—04	48.00	910
平面几何范例多解探究．下篇	2018—12	68.00	914
从分析解题过程学解题：竞赛中的几何问题研究	2018—07	68.00	946
从分析解题过程学解题：竞赛中的向量几何与不等式研究(全2册)	2019—06	138.00	1090
从分析解题过程学解题：竞赛中的不等式问题	2021—01	48.00	1249
二维、三维欧氏几何的对偶原理	2018—12	38.00	990
星形大观及闭折线论	2019—03	68.00	1020
立体几何的问题和方法	2019—11	58.00	1127
三角代换论	2021—05	58.00	1313
俄罗斯平面几何问题集	2009—08	88.00	55
俄罗斯立体几何问题集	2014—03	58.00	283
俄罗斯几何大师——沙雷金论数学及其他	2014—01	48.00	271
来自俄罗斯的5000道几何习题及解答	2011—03	58.00	89
俄罗斯初等数学问题集	2012—05	38.00	177
俄罗斯函数问题集	2011—03	38.00	103
俄罗斯组合分析问题集	2011—01	48.00	79
俄罗斯初等数学万题选——三角卷	2012—11	38.00	222
俄罗斯初等数学万题选——代数卷	2013—08	68.00	225
俄罗斯初等数学万题选——几何卷	2014—01	68.00	226
俄罗斯《量子》杂志数学征解问题100题选	2018—08	48.00	969
俄罗斯《量子》杂志数学征解问题又100题选	2018—08	48.00	970
俄罗斯《量子》杂志数学征解问题	2020—05	48.00	1138
463个俄罗斯几何老问题	2012—01	28.00	152
《量子》数学短文精粹	2018—09	38.00	972
用三角、解析几何等计算解来自俄罗斯的几何题	2019—11	88.00	1119
基谢廖夫平面几何	2022—01	48.00	1461
基谢廖夫立体几何	2023—04	48.00	1599
数学：代数、数学分析和几何(10—11年级)	2021—01	48.00	1250
直观几何学：5—6年级	2022—04	58.00	1508
几何学：第2版．7—9年级	2023—08	68.00	1684
平面几何：9—11年级	2022—10	48.00	1571
立体几何．10—11年级	2022—01	58.00	1472

谈谈素数	2011—03	18.00	91
平方和	2011—03	18.00	92
整数论	2011—05	38.00	120
从整数谈起	2015—10	28.00	538
数与多项式	2016—01	38.00	558
谈谈不定方程	2011—05	28.00	119
质数漫谈	2022—07	68.00	1529

解析不等式新论	2009—06	68.00	48
建立不等式的方法	2011—03	98.00	104
数学奥林匹克不等式研究(第2版)	2020—07	68.00	1181
不等式研究(第三辑)	2023—08	198.00	1673
不等式的秘密(第一卷)(第2版)	2014—02	38.00	286
不等式的秘密(第二卷)	2014—01	38.00	268
初等不等式的证明方法	2010—06	38.00	123
初等不等式的证明方法(第二版)	2014—11	38.00	407
不等式·理论·方法(基础卷)	2015—07	38.00	496
不等式·理论·方法(经典不等式卷)	2015—07	38.00	497
不等式·理论·方法(特殊类型不等式卷)	2015—07	48.00	498
不等式探究	2016—03	38.00	582
不等式探秘	2017—01	88.00	689
四面体不等式	2017—01	68.00	715
数学奥林匹克中常见重要不等式	2017—09	38.00	845

刘培杰数学工作室
已出版(即将出版)图书目录——初等数学

书　　名	出版时间	定　价	编号
三正弦不等式	2018－09	98.00	974
函数方程与不等式:解法与稳定性结果	2019－04	68.00	1058
数学不等式.第1卷,对称多项式不等式	2022－05	78.00	1455
数学不等式.第2卷,对称有理不等式与对称无理不等式	2022－05	88.00	1456
数学不等式.第3卷,循环不等式与非循环不等式	2022－05	88.00	1457
数学不等式.第4卷,Jensen不等式的扩展与加细	2022－05	88.00	1458
数学不等式.第5卷,创建不等式与解不等式的其他方法	2022－05	88.00	1459
不定方程及其应用.上	2018－12	58.00	992
不定方程及其应用.中	2019－01	78.00	993
不定方程及其应用.下	2019－02	98.00	994
Nesbitt不等式加强式的研究	2022－06	128.00	1527
最值定理与分析不等式	2023－02	78.00	1567
一类积分不等式	2023－02	88.00	1579
邦费罗尼不等式及概率应用	2023－05	58.00	1637

同余理论	2012－05	38.00	163
[x]与{x}	2015－04	48.00	476
极值与最值.上卷	2015－06	28.00	486
极值与最值.中卷	2015－06	38.00	487
极值与最值.下卷	2015－06	28.00	488
整数的性质	2012－11	38.00	192
完全平方数及其应用	2015－08	78.00	506
多项式理论	2015－10	88.00	541
奇数、偶数、奇偶分析法	2018－01	98.00	876

历届美国中学生数学竞赛试题及解答(第一卷)1950－1954	2014－07	18.00	277
历届美国中学生数学竞赛试题及解答(第二卷)1955－1959	2014－04	18.00	278
历届美国中学生数学竞赛试题及解答(第三卷)1960－1964	2014－06	18.00	279
历届美国中学生数学竞赛试题及解答(第四卷)1965－1969	2014－04	28.00	280
历届美国中学生数学竞赛试题及解答(第五卷)1970－1972	2014－06	18.00	281
历届美国中学生数学竞赛试题及解答(第六卷)1973－1980	2017－07	18.00	768
历届美国中学生数学竞赛试题及解答(第七卷)1981－1986	2015－01	18.00	424
历届美国中学生数学竞赛试题及解答(第八卷)1987－1990	2017－05	18.00	769

历届国际数学奥林匹克试题集	2023－09	158.00	1701
历届中国数学奥林匹克试题集(第3版)	2021－10	58.00	1440
历届加拿大数学奥林匹克试题集	2012－08	38.00	215
历届美国数学奥林匹克试题集	2023－08	98.00	1681
历届波兰数学竞赛试题集.第1卷,1949～1963	2015－03	18.00	453
历届波兰数学竞赛试题集.第2卷,1964～1976	2015－03	18.00	454
历届巴尔干数学奥林匹克试题集	2015－05	38.00	466
保加利亚数学奥林匹克	2014－10	38.00	393
圣彼得堡数学奥林匹克试题集	2015－01	38.00	429
匈牙利奥林匹克数学竞赛题解.第1卷	2016－05	28.00	593
匈牙利奥林匹克数学竞赛题解.第2卷	2016－05	28.00	594
历届美国数学邀请赛试题集(第2版)	2017－10	78.00	851
普林斯顿大学数学竞赛	2016－06	38.00	669
亚太地区数学奥林匹克竞赛题	2015－07	18.00	492
日本历届(初级)广中杯数学竞赛试题及解答.第1卷(2000～2007)	2016－05	28.00	641
日本历届(初级)广中杯数学竞赛试题及解答.第2卷(2008～2015)	2016－05	38.00	642
越南数学奥林匹克题选:1962－2009	2021－07	48.00	1370
360个数学竞赛问题	2016－08	58.00	677
奥数最佳实战题.上卷	2017－06	38.00	760
奥数最佳实战题.下卷	2017－05	58.00	761
哈尔滨市早期中学数学竞赛试题汇编	2016－07	28.00	672
全国高中数学联赛试题及解答:1981—2019(第4版)	2020－07	138.00	1176
2024年全国高中数学联合竞赛模拟题集	2024－01	38.00	1702

刘培杰数学工作室
已出版(即将出版)图书目录——初等数学

书　　名	出版时间	定　价	编号
20 世纪 50 年代全国部分城市数学竞赛试题汇编	2017—07	28.00	797
国内外数学竞赛题及精解:2018～2019	2020—08	45.00	1192
国内外数学竞赛题及精解:2019～2020	2021—11	58.00	1439
许康华竞赛优学精选集.第一辑	2018—08	68.00	949
天问叶班数学问题征解 100 题. Ⅰ,2016－2018	2019—05	88.00	1075
天问叶班数学问题征解 100 题. Ⅱ,2017－2019	2020—07	98.00	1177
美国初中数学竞赛:AMC8 准备(共 6 卷)	2019—07	138.00	1089
美国高中数学竞赛:AMC10 准备(共 6 卷)	2019—08	158.00	1105
王连笑教你怎样学数学:高考选择题解题策略与客观题实用训练	2014—01	48.00	262
王连笑教你怎样学数学:高考数学高层次讲座	2015—02	48.00	432
高考数学的理论与实践	2009—08	38.00	53
高考数学核心题型解题方法与技巧	2010—01	28.00	86
高考思维新平台	2014—03	38.00	259
高考数学压轴题解题诀窍(上)(第 2 版)	2018—01	58.00	874
高考数学压轴题解题诀窍(下)(第 2 版)	2018—01	48.00	875
北京市五区文科数学三年高考模拟题详解:2013～2015	2015—08	48.00	500
北京市五区理科数学三年高考模拟题详解:2013～2015	2015—09	68.00	505
向量法巧解数学高考题	2009—08	28.00	54
高中数学课堂教学的实践与反思	2021—11	48.00	791
数学高考参考	2016—01	78.00	589
新课程标准高考数学解答题各种题型解法指导	2020—08	78.00	1196
全国及各省市高考数学试题审题要津与解法研究	2015—02	48.00	450
高中数学章节起始课的教学研究与案例设计	2019—05	28.00	1064
新课标高考数学——五年试题分章详解(2007～2011)(上、下)	2011—10	78.00	140,141
全国中考数学压轴题审题要津与解法研究	2013—04	78.00	248
新编全国及各省市中考数学压轴题审题要津与解法研究	2014—05	58.00	342
全国及各省市 5 年中考数学压轴题审题要津与解法研究(2015 版)	2015—04	58.00	462
中考数学专题总复习	2007—04	28.00	6
中考数学较难题常考题型解题方法与技巧	2016—09	48.00	681
中考数学难题常考题型解题方法与技巧	2016—09	48.00	682
中考数学中档题常考题型解题方法与技巧	2017—08	68.00	835
中考数学选择填空压轴好题妙解 365	2024—01	80.00	1698
中考数学:三类重点考题的解法例析与习题	2020—04	48.00	1140
中小学数学的历史文化	2019—11	48.00	1124
初中平面几何百题多思创新解	2020—01	58.00	1125
初中数学中考备考	2020—01	58.00	1126
高考数学之九章演义	2019—08	68.00	1044
高考数学之难题谈笑间	2022—06	68.00	1519
化学可以这样学:高中化学知识方法智慧感悟疑难辨析	2019—07	58.00	1103
如何成为学习高手	2019—09	58.00	1107
高考数学:经典真题分类解析	2020—04	78.00	1134
高考数学解答题破解策略	2020—11	58.00	1221
从分析解题过程学解题:高考压轴题与竞赛题之关系探究	2020—08	88.00	1179
教学新思考:单元整体视角下的初中数学教学设计	2021—03	58.00	1278
思维再拓展:2020 年经典几何题的多解探究与思考	即将出版		1279
中考数学小压轴汇编初讲	2017—07	48.00	788
中考数学大压轴专题微言	2017—09	48.00	846
怎么解中考平面几何探索题	2019—06	48.00	1093
北京中考数学压轴题解题方法突破(第 9 版)	2024—01	78.00	1645
助你高考成功的数学解题智慧:知识是智慧的基础	2016—01	58.00	596
助你高考成功的数学解题智慧:错误是智慧的试金石	2016—04	58.00	643
助你高考成功的数学解题智慧:方法是智慧的推手	2016—04	68.00	657
高考数学奇思妙解	2016—04	38.00	610
高考数学解题策略	2016—05	48.00	670
数学解题泄天机(第 2 版)	2017—10	48.00	850

刘培杰数学工作室
已出版(即将出版)图书目录——初等数学

书　　名	出版时间	定　价	编号
高中物理教学讲义	2018－01	48.00	871
高中物理教学讲义:全模块	2022－03	98.00	1492
高中物理答疑解惑 65 篇	2021－11	48.00	1462
中学物理基础问题解析	2020－08	48.00	1183
初中数学、高中数学脱节知识补缺教材	2017－06	48.00	766
高考数学客观题解题方法和技巧	2017－10	38.00	847
十年高考数学精品试题审题要津与解法研究	2021－10	98.00	1427
中国历届高考数学试题及解答.1949－1979	2018－01	38.00	877
历届中国高考数学试题及解答.第二卷,1980—1989	2018－10	28.00	975
历届中国高考数学试题及解答.第三卷,1990—1999	2018－10	48.00	976
跟我学解高中数学题	2018－07	58.00	926
中学数学研究的方法及案例	2018－05	58.00	869
高考数学抢分技能	2018－07	68.00	934
高一新生常用数学方法和重要数学思想提升教材	2018－06	38.00	921
高考数学全国卷六道解答题常考题型解题诀窍:理科(全 2 册)	2019－07	78.00	1101
高考数学全国卷 16 道选择、填空题常考题型解题诀窍.理科	2018－09	88.00	971
高考数学全国卷 16 道选择、填空题常考题型解题诀窍.文科	2020－01	88.00	1123
高中数学一题多解	2019－06	58.00	1087
历届中国高考数学试题及解答:1917－1999	2021－08	98.00	1371
2000～2003 年全国及各省市高考数学试题及解答	2022－05	88.00	1499
2004 年全国及各省市高考数学试题及解答	2023－08	78.00	1500
2005 年全国及各省市高考数学试题及解答	2023－08	78.00	1501
2006 年全国及各省市高考数学试题及解答	2023－08	88.00	1502
2007 年全国及各省市高考数学试题及解答	2023－08	98.00	1503
2008 年全国及各省市高考数学试题及解答	2023－08	88.00	1504
2009 年全国及各省市高考数学试题及解答	2023－08	88.00	1505
2010 年全国及各省市高考数学试题及解答	2023－08	98.00	1506
2011～2017 年全国及各省市高考数学试题及解答	2024－01	78.00	1507
2018～2023 年全国及各省市高考数学试题及解答	2024－03	78.00	1709
突破高原:高中数学解题思维探究	2021－08	48.00	1375
高考数学中的“取值范围”	2021－10	48.00	1429
新课程标准高中数学各种题型解法大全.必修一分册	2021－06	58.00	1315
新课程标准高中数学各种题型解法大全.必修二分册	2022－01	68.00	1471
高中数学各种题型解法大全.选择性必修一分册	2022－06	68.00	1525
高中数学各种题型解法大全.选择性必修二分册	2023－01	58.00	1600
高中数学各种题型解法大全.选择性必修三分册	2023－04	48.00	1643
历届全国初中数学竞赛经典试题详解	2023－04	88.00	1624
孟祥礼高考数学精刷精解	2023－06	98.00	1663
新编 640 个世界著名数学智力趣题	2014－01	88.00	242
500 个最新世界著名数学智力趣题	2008－06	48.00	3
400 个最新世界著名数学最值问题	2008－09	48.00	36
500 个世界著名数学征解问题	2009－06	48.00	52
400 个中国最佳初等数学征解老问题	2010－01	48.00	60
500 个俄罗斯数学经典老题	2011－01	28.00	81
1000 个国外中学物理好题	2012－04	48.00	174
300 个日本高考数学题	2012－05	38.00	142
700 个早期日本高考数学试题	2017－02	88.00	752
500 个前苏联早期高考数学试题及解答	2012－05	28.00	185
546 个早期俄罗斯大学生数学竞赛题	2014－03	38.00	285
548 个来自美苏的数学好问题	2014－11	28.00	396
20 所苏联著名大学早期入学试题	2015－02	18.00	452
161 道德国工科大学生必做的微分方程习题	2015－05	28.00	469
500 个德国工科大学生必做的高数习题	2015－06	28.00	478
360 个数学竞赛问题	2016－08	58.00	677
200 个趣味数学故事	2018－02	48.00	857
470 个数学奥林匹克中的最值问题	2018－10	88.00	985
德国讲义日本考题.微积分卷	2015－04	48.00	456
德国讲义日本考题.微分方程卷	2015－04	38.00	457
二十世纪中叶中、英、美、日、法、俄高考数学试题精选	2017－06	38.00	783

刘培杰数学工作室
已出版(即将出版)图书目录——初等数学

书　　名	出版时间	定　价	编号
中国初等数学研究　2009 卷(第 1 辑)	2009－05	20.00	45
中国初等数学研究　2010 卷(第 2 辑)	2010－05	30.00	68
中国初等数学研究　2011 卷(第 3 辑)	2011－07	60.00	127
中国初等数学研究　2012 卷(第 4 辑)	2012－07	48.00	190
中国初等数学研究　2014 卷(第 5 辑)	2014－02	48.00	288
中国初等数学研究　2015 卷(第 6 辑)	2015－06	68.00	493
中国初等数学研究　2016 卷(第 7 辑)	2016－04	68.00	609
中国初等数学研究　2017 卷(第 8 辑)	2017－01	98.00	712
初等数学研究在中国. 第 1 辑	2019－03	158.00	1024
初等数学研究在中国. 第 2 辑	2019－10	158.00	1116
初等数学研究在中国. 第 3 辑	2021－05	158.00	1306
初等数学研究在中国. 第 4 辑	2022－06	158.00	1520
初等数学研究在中国. 第 5 辑	2023－07	158.00	1635
几何变换(Ⅰ)	2014－07	28.00	353
几何变换(Ⅱ)	2015－06	28.00	354
几何变换(Ⅲ)	2015－01	38.00	355
几何变换(Ⅳ)	2015－12	38.00	356
初等数论难题集(第一卷)	2009－05	68.00	44
初等数论难题集(第二卷)(上、下)	2011－02	128.00	82,83
数论概貌	2011－03	18.00	93
代数数论(第二版)	2013－08	58.00	94
代数多项式	2014－06	38.00	289
初等数论的知识与问题	2011－02	28.00	95
超越数论基础	2011－03	28.00	96
数论初等教程	2011－03	28.00	97
数论基础	2011－03	18.00	98
数论基础与维诺格拉多夫	2014－03	18.00	292
解析数论基础	2012－08	28.00	216
解析数论基础(第二版)	2014－01	48.00	287
解析数论问题集(第二版)(原版引进)	2014－05	88.00	343
解析数论问题集(第二版)(中译本)	2016－04	88.00	607
解析数论基础(潘承洞,潘承彪著)	2016－07	98.00	673
解析数论导引	2016－07	58.00	674
数论入门	2011－03	38.00	99
代数数论入门	2015－03	38.00	448
数论开篇	2012－07	28.00	194
解析数论引论	2011－03	48.00	100
Barban Davenport Halberstam 均值和	2009－01	40.00	33
基础数论	2011－03	28.00	101
初等数论 100 例	2011－05	18.00	122
初等数论经典例题	2012－07	18.00	204
最新世界各国数学奥林匹克中的初等数论试题(上、下)	2012－01	138.00	144,145
初等数论(Ⅰ)	2012－01	18.00	156
初等数论(Ⅱ)	2012－01	18.00	157
初等数论(Ⅲ)	2012－01	28.00	158

刘培杰数学工作室
已出版(即将出版)图书目录——初等数学

书　　名	出版时间	定　价	编号
平面几何与数论中未解决的新老问题	2013-01	68.00	229
代数数论简史	2014-11	28.00	408
代数数论	2015-09	88.00	532
代数、数论及分析习题集	2016-11	98.00	695
数论导引提要及习题解答	2016-01	48.00	559
素数定理的初等证明.第2版	2016-09	48.00	686
数论中的模函数与狄利克雷级数(第二版)	2017-11	78.00	837
数论:数学导引	2018-01	68.00	849
范氏大代数	2019-02	98.00	1016
解析数学讲义.第一卷,导来式及微分、积分、级数	2019-04	88.00	1021
解析数学讲义.第二卷,关于几何的应用	2019-04	68.00	1022
解析数学讲义.第三卷,解析函数论	2019-04	78.00	1023
分析·组合·数论纵横谈	2019-04	58.00	1039
Hall代数:民国时期的中学数学课本:英文	2019-08	88.00	1106
基谢廖夫初等代数	2022-07	38.00	1531
数学精神巡礼	2019-01	58.00	731
数学眼光透视(第2版)	2017-06	78.00	732
数学思想领悟(第2版)	2018-01	68.00	733
数学方法溯源(第2版)	2018-08	68.00	734
数学解题引论	2017-05	58.00	735
数学史话览胜(第2版)	2017-01	48.00	736
数学应用展观(第2版)	2017-08	68.00	737
数学建模尝试	2018-04	48.00	738
数学竞赛采风	2018-01	68.00	739
数学测评探营	2019-05	58.00	740
数学技能操握	2018-03	48.00	741
数学欣赏拾趣	2018-02	48.00	742
从毕达哥拉斯到怀尔斯	2007-10	48.00	9
从迪利克雷到维斯卡尔迪	2008-01	48.00	21
从哥德巴赫到陈景润	2008-05	98.00	35
从庞加莱到佩雷尔曼	2011-08	138.00	136
博弈论精粹	2008-03	58.00	30
博弈论精粹.第二版(精装)	2015-01	88.00	461
数学 我爱你	2008-01	28.00	20
精神的圣徒　别样的人生——60位中国数学家成长的历程	2008-09	48.00	39
数学史概论	2009-06	78.00	50
数学史概论(精装)	2013-03	158.00	272
数学史选讲	2016-01	48.00	544
斐波那契数列	2010-02	28.00	65
数学拼盘和斐波那契魔方	2010-07	38.00	72
斐波那契数列欣赏(第2版)	2018-08	58.00	948
Fibonacci数列中的明珠	2018-06	58.00	928
数学的创造	2011-02	48.00	85
数学美与创造力	2016-01	48.00	595
数海拾贝	2016-01	48.00	590
数学中的美(第2版)	2019-04	68.00	1057
数论中的美学	2014-12	38.00	351

刘培杰数学工作室
已出版(即将出版)图书目录——初等数学

书　　名	出版时间	定　价	编号
数学王者　科学巨人——高斯	2015-01	28.00	428
振兴祖国数学的圆梦之旅:中国初等数学研究史话	2015-06	98.00	490
二十世纪中国数学史料研究	2015-10	48.00	536
数字谜、数阵图与棋盘覆盖	2016-01	58.00	298
数学概念的进化:一个初步的研究	2023-07	68.00	1683
数学发现的艺术:数学探索中的合情推理	2016-07	58.00	671
活跃在数学中的参数	2016-07	48.00	675
数海趣史	2021-05	98.00	1314
玩转幻中之幻	2023-08	88.00	1682
数学艺术品	2023-09	98.00	1685
数学博弈与游戏	2023-10	68.00	1692

数学解题——靠数学思想给力(上)	2011-07	38.00	131
数学解题——靠数学思想给力(中)	2011-07	48.00	132
数学解题——靠数学思想给力(下)	2011-07	38.00	133
我怎样解题	2013-01	48.00	227
数学解题中的物理方法	2011-06	28.00	114
数学解题的特殊方法	2011-06	48.00	115
中学数学计算技巧(第2版)	2020-10	48.00	1220
中学数学证明方法	2012-01	58.00	117
数学趣题巧解	2012-03	28.00	128
高中数学教学通鉴	2015-05	58.00	479
和高中生漫谈:数学与哲学的故事	2014-08	28.00	369
算术问题集	2017-03	38.00	789
张教授讲数学	2018-07	38.00	933
陈永明实话实说数学教学	2020-04	68.00	1132
中学数学学科知识与教学能力	2020-06	58.00	1155
怎样把课讲好:大罕数学教学随笔	2022-03	58.00	1484
中国高考评价体系下高考数学探秘	2022-03	48.00	1487
数苑漫步	2024-01	58.00	1670

自主招生考试中的参数方程问题	2015-01	28.00	435
自主招生考试中的极坐标问题	2015-04	28.00	463
近年全国重点大学自主招生数学试题全解及研究.华约卷	2015-02	38.00	441
近年全国重点大学自主招生数学试题全解及研究.北约卷	2016-05	38.00	619
自主招生数学解证宝典	2015-09	48.00	535
中国科学技术大学创新班数学真题解析	2022-03	48.00	1488
中国科学技术大学创新班物理真题解析	2022-03	58.00	1489

格点和面积	2012-07	18.00	191
射影几何趣谈	2012-04	28.00	175
斯潘纳尔引理——从一道加拿大数学奥林匹克试题谈起	2014-01	28.00	228
李普希兹条件——从几道近年高考数学试题谈起	2012-10	18.00	221
拉格朗日中值定理——从一道北京高考试题的解法谈起	2015-10	18.00	197
闵科夫斯基定理——从一道清华大学自主招生试题谈起	2014-01	28.00	198
哈尔测度——从一道冬令营试题的背景谈起	2012-08	28.00	202
切比雪夫逼近问题——从一道中国台北数学奥林匹克试题谈起	2013-04	38.00	238
伯恩斯坦多项式与贝齐尔曲面——从一道全国高中数学联赛试题谈起	2013-03	38.00	236
卡塔兰猜想——从一道普特南竞赛试题谈起	2013-06	18.00	256
麦卡锡函数和阿克曼函数——从一道前南斯拉夫数学奥林匹克试题谈起	2012-08	18.00	201
贝蒂定理与拉姆贝克莫斯尔定理——从一个拣石子游戏谈起	2012-08	18.00	217
皮亚诺曲线和豪斯道夫分球定理——从无限集谈起	2012-08	18.00	211
平面凸图形与凸多面体	2012-10	28.00	218
斯坦因豪斯问题——从一道二十五省市自治区中学数学竞赛试题谈起	2012-07	18.00	196

刘培杰数学工作室
已出版(即将出版)图书目录——初等数学

书　　名	出版时间	定　价	编号
纽结理论中的亚历山大多项式与琼斯多项式——从一道北京市高一数学竞赛试题谈起	2012—07	28.00	195
原则与策略——从波利亚“解题表”谈起	2013—04	38.00	244
转化与化归——从三大尺规作图不能问题谈起	2012—08	28.00	214
代数几何中的贝祖定理(第一版)——从一道 IMO 试题的解法谈起	2013—08	18.00	193
成功连贯理论与约当块理论——从一道比利时数学竞赛试题谈起	2012—04	18.00	180
素数判定与大数分解	2014—08	18.00	199
置换多项式及其应用	2012—10	18.00	220
椭圆函数与模函数——从一道美国加州大学洛杉矶分校(UCLA)博士资格考题谈起	2012—10	28.00	219
差分方程的拉格朗日方法——从一道 2011 年全国高考理科试题的解法谈起	2012—08	28.00	200
力学在几何中的一些应用	2013—01	38.00	240
从根式解到伽罗华理论	2020—01	48.00	1121
康托洛维奇不等式——从一道全国高中联赛试题谈起	2013—03	28.00	337
西格尔引理——从一道第 18 届 IMO 试题的解法谈起	即将出版		
罗斯定理——从一道前苏联数学竞赛试题谈起	即将出版		
拉克斯定理和阿廷定理——从一道 IMO 试题的解法谈起	2014—01	58.00	246
毕卡大定理——从一道美国大学数学竞赛试题谈起	2014—07	18.00	350
贝齐尔曲线——从一道全国高中联赛试题谈起	即将出版		
拉格朗日乘子定理——从一道 2005 年全国高中联赛试题的高等数学解法谈起	2015—05	28.00	480
雅可比定理——从一道日本数学奥林匹克试题谈起	2013—04	48.00	249
李天岩一约克定理——从一道波兰数学竞赛试题谈起	2014—06	28.00	349
受控理论与初等不等式:从一道 IMO 试题的解法谈起	2023—03	48.00	1601
布劳维不动点定理——从一道前苏联数学奥林匹克试题谈起	2014—01	38.00	273
伯恩赛德定理——从一道英国数学奥林匹克试题谈起	即将出版		
布查特一莫斯特定理——从一道上海市初中竞赛试题谈起	即将出版		
数论中的同余数问题——从一道普特南竞赛试题谈起	即将出版		
范·德蒙行列式——从一道美国数学奥林匹克试题谈起	即将出版		
中国剩余定理:总数法构建中国历史年表	2015—01	28.00	430
牛顿程序与方程求根——从一道全国高考试题解法谈起	即将出版		
库默尔定理——从一道 IMO 预选试题谈起	即将出版		
卢丁定理——从一道冬令营试题的解法谈起	即将出版		
沃斯滕霍姆定理——从一道 IMO 预选试题谈起	即将出版		
卡尔松不等式——从一道莫斯科数学奥林匹克试题谈起	即将出版		
信息论中的香农熵——从一道近年高考压轴题谈起	即将出版		
约当不等式——从一道希望杯竞赛试题谈起	即将出版		
拉比诺维奇定理	即将出版		
刘维尔定理——从一道《美国数学月刊》征解问题的解法谈起	即将出版		
卡塔兰恒等式与级数求和——从一道 IMO 试题的解法谈起	即将出版		
勒让德猜想与素数分布——从一道爱尔兰竞赛试题谈起	即将出版		
天平称重与信息论——从一道基辅市数学奥林匹克试题谈起	即将出版		
哈密尔顿一凯莱定理:从一道高中数学联赛试题的解法谈起	2014—09	18.00	376
艾思特曼定理——从一道 CMO 试题的解法谈起	即将出版		

刘培杰数学工作室
已出版(即将出版)图书目录——初等数学

书　　名	出版时间	定　价	编号
阿贝尔恒等式与经典不等式及应用	2018－06	98.00	923
迪利克雷除数问题	2018－07	48.00	930
幻方、幻立方与拉丁方	2019－08	48.00	1092
帕斯卡三角形	2014－03	18.00	294
蒲丰投针问题——从 2009 年清华大学的一道自主招生试题谈起	2014－01	38.00	295
斯图姆定理——从一道"华约"自主招生试题的解法谈起	2014－01	18.00	296
许瓦兹引理——从一道加利福尼亚大学伯克利分校数学系博士生试题谈起	2014－08	18.00	297
拉姆塞定理——从王诗宬院士的一个问题谈起	2016－04	48.00	299
坐标法	2013－12	28.00	332
数论三角形	2014－04	38.00	341
毕克定理	2014－07	18.00	352
数林掠影	2014－09	48.00	389
我们周围的概率	2014－10	38.00	390
凸函数最值定理:从一道华约自主招生题的解法谈起	2014－10	28.00	391
易学与数学奥林匹克	2014－10	38.00	392
生物数学趣谈	2015－01	18.00	409
反演	2015－01	28.00	420
因式分解与圆锥曲线	2015－01	18.00	426
轨迹	2015－01	28.00	427
面积原理:从常庚哲命的一道 CMO 试题的积分解法谈起	2015－01	48.00	431
形形色色的不动点定理:从一道 28 届 IMO 试题谈起	2015－01	38.00	439
柯西函数方程:从一道上海交大自主招生的试题谈起	2015－02	28.00	440
三角恒等式	2015－02	28.00	442
无理性判定:从一道 2014 年"北约"自主招生试题谈起	2015－01	38.00	443
数学归纳法	2015－03	18.00	451
极端原理与解题	2015－04	28.00	464
法雷级数	2014－08	18.00	367
摆线族	2015－01	38.00	438
函数方程及其解法	2015－05	38.00	470
含参数的方程和不等式	2012－09	28.00	213
希尔伯特第十问题	2016－01	38.00	543
无穷小量的求和	2016－01	28.00	545
切比雪夫多项式:从一道清华大学金秋营试题谈起	2016－01	38.00	583
泽肯多夫定理	2016－03	38.00	599
代数等式证题法	2016－01	28.00	600
三角等式证题法	2016－01	28.00	601
吴大任教授藏书中的一个因式分解公式:从一道美国数学邀请赛试题的解法谈起	2016－06	28.00	656
易卦——类万物的数学模型	2017－08	68.00	838
"不可思议"的数与数系可持续发展	2018－01	38.00	878
最短线	2018－01	38.00	879
数学在天文、地理、光学、机械力学中的一些应用	2023－03	88.00	1576
从阿基米德三角形谈起	2023－01	28.00	1578

幻方和魔方(第一卷)	2012－05	68.00	173
尘封的经典——初等数学经典文献选读(第一卷)	2012－07	48.00	205
尘封的经典——初等数学经典文献选读(第二卷)	2012－07	38.00	206

初级方程式论	2011－03	28.00	106
初等数学研究(Ⅰ)	2008－09	68.00	37
初等数学研究(Ⅱ)(上、下)	2009－05	118.00	46,47
初等数学专题研究	2022－10	68.00	1568

刘培杰数学工作室
已出版(即将出版)图书目录——初等数学

书名	出版时间	定价	编号
趣味初等方程妙题集锦	2014－09	48.00	388
趣味初等数论选美与欣赏	2015－02	48.00	445
耕读笔记(上卷):一位农民数学爱好者的初数探索	2015－04	28.00	459
耕读笔记(中卷):一位农民数学爱好者的初数探索	2015－05	28.00	483
耕读笔记(下卷):一位农民数学爱好者的初数探索	2015－05	28.00	484
几何不等式研究与欣赏.上卷	2016－01	88.00	547
几何不等式研究与欣赏.下卷	2016－01	48.00	552
初等数列研究与欣赏・上	2016－01	48.00	570
初等数列研究与欣赏・下	2016－01	48.00	571
趣味初等函数研究与欣赏.上	2016－09	48.00	684
趣味初等函数研究与欣赏.下	2018－09	48.00	685
三角不等式研究与欣赏	2020－10	68.00	1197
新编平面解析几何解题方法研究与欣赏	2021－10	78.00	1426

火柴游戏(第2版)	2022－05	38.00	1493
智力解谜.第1卷	2017－07	38.00	613
智力解谜.第2卷	2017－07	38.00	614
故事智力	2016－07	48.00	615
名人们喜欢的智力问题	2020－01	48.00	616
数学大师的发现、创造与失误	2018－01	48.00	617
异曲同工	2018－09	48.00	618
数学的味道(第2版)	2023－10	68.00	1686
数学千字文	2018－10	68.00	977

数贝偶拾——高考数学题研究	2014－04	28.00	274
数贝偶拾——初等数学研究	2014－04	38.00	275
数贝偶拾——奥数题研究	2014－04	48.00	276

钱昌本教你快乐学数学(上)	2011－12	48.00	155
钱昌本教你快乐学数学(下)	2012－03	58.00	171

集合、函数与方程	2014－01	28.00	300
数列与不等式	2014－01	38.00	301
三角与平面向量	2014－01	28.00	302
平面解析几何	2014－01	38.00	303
立体几何与组合	2014－01	28.00	304
极限与导数、数学归纳法	2014－01	38.00	305
趣味数学	2014－03	28.00	306
教材教法	2014－04	68.00	307
自主招生	2014－05	58.00	308
高考压轴题(上)	2015－01	48.00	309
高考压轴题(下)	2014－10	68.00	310

从费马到怀尔斯——费马大定理的历史	2013－10	198.00	Ⅰ
从庞加莱到佩雷尔曼——庞加莱猜想的历史	2013－10	298.00	Ⅱ
从切比雪夫到爱尔特希(上)——素数定理的初等证明	2013－07	48.00	Ⅲ
从切比雪夫到爱尔特希(下)——素数定理100年	2012－12	98.00	Ⅲ
从高斯到盖尔方特——二次域的高斯猜想	2013－10	198.00	Ⅳ
从库默尔到朗兰兹——朗兰兹猜想的历史	2014－01	98.00	Ⅴ
从比勃巴赫到德布朗斯——比勃巴赫猜想的历史	2014－02	298.00	Ⅵ
从麦比乌斯到陈省身——麦比乌斯变换与麦比乌斯带	2014－02	298.00	Ⅶ
从布尔到豪斯道夫——布尔方程与格论漫谈	2013－10	198.00	Ⅷ
从开普勒到阿诺德——三体问题的历史	2014－05	298.00	Ⅸ
从华林到华罗庚——华林问题的历史	2013－10	298.00	Ⅹ

刘培杰数学工作室
已出版(即将出版)图书目录——初等数学

书　　名	出版时间	定　价	编号
美国高中数学竞赛五十讲. 第 1 卷(英文)	2014—08	28.00	357
美国高中数学竞赛五十讲. 第 2 卷(英文)	2014—08	28.00	358
美国高中数学竞赛五十讲. 第 3 卷(英文)	2014—09	28.00	359
美国高中数学竞赛五十讲. 第 4 卷(英文)	2014—09	28.00	360
美国高中数学竞赛五十讲. 第 5 卷(英文)	2014—10	28.00	361
美国高中数学竞赛五十讲. 第 6 卷(英文)	2014—11	28.00	362
美国高中数学竞赛五十讲. 第 7 卷(英文)	2014—12	28.00	363
美国高中数学竞赛五十讲. 第 8 卷(英文)	2015—01	28.00	364
美国高中数学竞赛五十讲. 第 9 卷(英文)	2015—01	28.00	365
美国高中数学竞赛五十讲. 第 10 卷(英文)	2015—02	38.00	366

三角函数(第 2 版)	2017—04	38.00	626
不等式	2014—01	38.00	312
数列	2014—01	38.00	313
方程(第 2 版)	2017—04	38.00	624
排列和组合	2014—01	28.00	315
极限与导数(第 2 版)	2016—04	38.00	635
向量(第 2 版)	2018—08	58.00	627
复数及其应用	2014—08	28.00	318
函数	2014—01	38.00	319
集合	2020—01	48.00	320
直线与平面	2014—01	28.00	321
立体几何(第 2 版)	2016—04	38.00	629
解三角形	即将出版		323
直线与圆(第 2 版)	2016—11	38.00	631
圆锥曲线(第 2 版)	2016—09	48.00	632
解题通法(一)	2014—07	38.00	326
解题通法(二)	2014—07	38.00	327
解题通法(三)	2014—05	38.00	328
概率与统计	2014—01	28.00	329
信息迁移与算法	即将出版		330

IMO 50 年. 第 1 卷(1959—1963)	2014—11	28.00	377
IMO 50 年. 第 2 卷(1964—1968)	2014—11	28.00	378
IMO 50 年. 第 3 卷(1969—1973)	2014—09	28.00	379
IMO 50 年. 第 4 卷(1974—1978)	2016—04	38.00	380
IMO 50 年. 第 5 卷(1979—1984)	2015—04	38.00	381
IMO 50 年. 第 6 卷(1985—1989)	2015—04	58.00	382
IMO 50 年. 第 7 卷(1990—1994)	2016—01	48.00	383
IMO 50 年. 第 8 卷(1995—1999)	2016—06	38.00	384
IMO 50 年. 第 9 卷(2000—2004)	2015—04	58.00	385
IMO 50 年. 第 10 卷(2005—2009)	2016—01	48.00	386
IMO 50 年. 第 11 卷(2010—2015)	2017—03	48.00	646

刘培杰数学工作室
已出版(即将出版)图书目录——初等数学

书　　名	出版时间	定　价	编号
数学反思(2006—2007)	2020—09	88.00	915
数学反思(2008—2009)	2019—01	68.00	917
数学反思(2010—2011)	2018—05	58.00	916
数学反思(2012—2013)	2019—01	58.00	918
数学反思(2014—2015)	2019—03	78.00	919
数学反思(2016—2017)	2021—03	58.00	1286
数学反思(2018—2019)	2023—01	88.00	1593
历届美国大学生数学竞赛试题集.第一卷(1938—1949)	2015—01	28.00	397
历届美国大学生数学竞赛试题集.第二卷(1950—1959)	2015—01	28.00	398
历届美国大学生数学竞赛试题集.第三卷(1960—1969)	2015—01	28.00	399
历届美国大学生数学竞赛试题集.第四卷(1970—1979)	2015—01	18.00	400
历届美国大学生数学竞赛试题集.第五卷(1980—1989)	2015—01	28.00	401
历届美国大学生数学竞赛试题集.第六卷(1990—1999)	2015—01	28.00	402
历届美国大学生数学竞赛试题集.第七卷(2000—2009)	2015—08	18.00	403
历届美国大学生数学竞赛试题集.第八卷(2010—2012)	2015—01	18.00	404
新课标高考数学创新题解题诀窍:总论	2014—09	28.00	372
新课标高考数学创新题解题诀窍:必修1～5分册	2014—08	38.00	373
新课标高考数学创新题解题诀窍:选修2—1,2—2,1—1,1—2分册	2014—09	38.00	374
新课标高考数学创新题解题诀窍:选修2—3,4—4,4—5分册	2014—09	18.00	375
全国重点大学自主招生英文数学试题全攻略:词汇卷	2015—07	48.00	410
全国重点大学自主招生英文数学试题全攻略:概念卷	2015—01	28.00	411
全国重点大学自主招生英文数学试题全攻略:文章选读卷(上)	2016—09	38.00	412
全国重点大学自主招生英文数学试题全攻略:文章选读卷(下)	2017—01	58.00	413
全国重点大学自主招生英文数学试题全攻略:试题卷	2015—07	38.00	414
全国重点大学自主招生英文数学试题全攻略:名著欣赏卷	2017—03	48.00	415
劳埃德数学趣题大全.题目卷.1:英文	2016—01	18.00	516
劳埃德数学趣题大全.题目卷.2:英文	2016—01	18.00	517
劳埃德数学趣题大全.题目卷.3:英文	2016—01	18.00	518
劳埃德数学趣题大全.题目卷.4:英文	2016—01	18.00	519
劳埃德数学趣题大全.题目卷.5:英文	2016—01	18.00	520
劳埃德数学趣题大全.答案卷:英文	2016—01	18.00	521
李成章教练奥数笔记.第1卷	2016—01	48.00	522
李成章教练奥数笔记.第2卷	2016—01	48.00	523
李成章教练奥数笔记.第3卷	2016—01	38.00	524
李成章教练奥数笔记.第4卷	2016—01	38.00	525
李成章教练奥数笔记.第5卷	2016—01	38.00	526
李成章教练奥数笔记.第6卷	2016—01	38.00	527
李成章教练奥数笔记.第7卷	2016—01	38.00	528
李成章教练奥数笔记.第8卷	2016—01	48.00	529
李成章教练奥数笔记.第9卷	2016—01	28.00	530

刘培杰数学工作室
已出版(即将出版)图书目录——初等数学

书　　名	出版时间	定　价	编号
第19～23届"希望杯"全国数学邀请赛试题审题要津详细评注(初一版)	2014—03	28.00	333
第19～23届"希望杯"全国数学邀请赛试题审题要津详细评注(初二、初三版)	2014—03	38.00	334
第19～23届"希望杯"全国数学邀请赛试题审题要津详细评注(高一版)	2014—03	28.00	335
第19～23届"希望杯"全国数学邀请赛试题审题要津详细评注(高二版)	2014—03	38.00	336
第19～25届"希望杯"全国数学邀请赛试题审题要津详细评注(初一版)	2015—01	38.00	416
第19～25届"希望杯"全国数学邀请赛试题审题要津详细评注(初二、初三版)	2015—01	58.00	417
第19～25届"希望杯"全国数学邀请赛试题审题要津详细评注(高一版)	2015—01	48.00	418
第19～25届"希望杯"全国数学邀请赛试题审题要津详细评注(高二版)	2015—01	48.00	419
物理奥林匹克竞赛大题典——力学卷	2014—11	48.00	405
物理奥林匹克竞赛大题典——热学卷	2014—04	28.00	339
物理奥林匹克竞赛大题典——电磁学卷	2015—07	48.00	406
物理奥林匹克竞赛大题典——光学与近代物理卷	2014—06	28.00	345
历届中国东南地区数学奥林匹克试题集(2004～2012)	2014—06	18.00	346
历届中国西部地区数学奥林匹克试题集(2001～2012)	2014—07	18.00	347
历届中国女子数学奥林匹克试题集(2002～2012)	2014—08	18.00	348
数学奥林匹克在中国	2014—06	98.00	344
数学奥林匹克问题集	2014—01	38.00	267
数学奥林匹克不等式散论	2010—06	38.00	124
数学奥林匹克不等式欣赏	2011—09	38.00	138
数学奥林匹克超级题库(初中卷上)	2010—01	58.00	66
数学奥林匹克不等式证明方法和技巧(上、下)	2011—08	158.00	134,135
他们学什么:原民主德国中学数学课本	2016—09	38.00	658
他们学什么:英国中学数学课本	2016—09	38.00	659
他们学什么:法国中学数学课本.1	2016—09	38.00	660
他们学什么:法国中学数学课本.2	2016—09	28.00	661
他们学什么:法国中学数学课本.3	2016—09	38.00	662
他们学什么:苏联中学数学课本	2016—09	28.00	679
高中数学题典——集合与简易逻辑·函数	2016—07	48.00	647
高中数学题典——导数	2016—07	48.00	648
高中数学题典——三角函数·平面向量	2016—07	48.00	649
高中数学题典——数列	2016—07	58.00	650
高中数学题典——不等式·推理与证明	2016—07	38.00	651
高中数学题典——立体几何	2016—07	48.00	652
高中数学题典——平面解析几何	2016—07	78.00	653
高中数学题典——计数原理·统计·概率·复数	2016—07	48.00	654
高中数学题典——算法·平面几何·初等数论·组合数学·其他	2016—07	68.00	655

刘培杰数学工作室
已出版(即将出版)图书目录——初等数学

书　　名	出版时间	定　价	编号
台湾地区奥林匹克数学竞赛试题.小学一年级	2017－03	38.00	722
台湾地区奥林匹克数学竞赛试题.小学二年级	2017－03	38.00	723
台湾地区奥林匹克数学竞赛试题.小学三年级	2017－03	38.00	724
台湾地区奥林匹克数学竞赛试题.小学四年级	2017－03	38.00	725
台湾地区奥林匹克数学竞赛试题.小学五年级	2017－03	38.00	726
台湾地区奥林匹克数学竞赛试题.小学六年级	2017－03	38.00	727
台湾地区奥林匹克数学竞赛试题.初中一年级	2017－03	38.00	728
台湾地区奥林匹克数学竞赛试题.初中二年级	2017－03	38.00	729
台湾地区奥林匹克数学竞赛试题.初中三年级	2017－03	28.00	730
不等式证题法	2017－04	28.00	747
平面几何培优教程	2019－08	88.00	748
奥数鼎级培优教程.高一分册	2018－09	88.00	749
奥数鼎级培优教程.高二分册.上	2018－04	68.00	750
奥数鼎级培优教程.高二分册.下	2018－04	68.00	751
高中数学竞赛冲刺宝典	2019－04	68.00	883
初中尖子生数学超级题典.实数	2017－07	58.00	792
初中尖子生数学超级题典.式、方程与不等式	2017－08	58.00	793
初中尖子生数学超级题典.圆、面积	2017－08	38.00	794
初中尖子生数学超级题典.函数、逻辑推理	2017－08	48.00	795
初中尖子生数学超级题典.角、线段、三角形与多边形	2017－07	58.00	796
数学王子——高斯	2018－01	48.00	858
坎坷奇星——阿贝尔	2018－01	48.00	859
闪烁奇星——伽罗瓦	2018－01	58.00	860
无穷统帅——康托尔	2018－01	48.00	861
科学公主——柯瓦列夫斯卡娅	2018－01	48.00	862
抽象代数之母——埃米·诺特	2018－01	48.00	863
电脑先驱——图灵	2018－01	58.00	864
昔日神童——维纳	2018－01	48.00	865
数坛怪侠——爱尔特希	2018－01	68.00	866
传奇数学家徐利治	2019－09	88.00	1110
当代世界中的数学.数学思想与数学基础	2019－01	38.00	892
当代世界中的数学.数学问题	2019－01	38.00	893
当代世界中的数学.应用数学与数学应用	2019－01	38.00	894
当代世界中的数学.数学王国的新疆域(一)	2019－01	38.00	895
当代世界中的数学.数学王国的新疆域(二)	2019－01	38.00	896
当代世界中的数学.数林撷英(一)	2019－01	38.00	897
当代世界中的数学.数林撷英(二)	2019－01	48.00	898
当代世界中的数学.数学之路	2019－01	38.00	899

刘培杰数学工作室
已出版(即将出版)图书目录——初等数学

书　　名	出版时间	定　价	编号
105 个代数问题:来自 AwesomeMath 夏季课程	2019—02	58.00	956
106 个几何问题:来自 AwesomeMath 夏季课程	2020—07	58.00	957
107 个几何问题:来自 AwesomeMath 全年课程	2020—07	58.00	958
108 个代数问题:来自 AwesomeMath 全年课程	2019—01	68.00	959
109 个不等式:来自 AwesomeMath 夏季课程	2019—04	58.00	960
110 个几何问题:选自各国数学奥林匹克竞赛	2024—04	58.00	961
111 个代数和数论问题	2019—05	58.00	962
112 个组合问题:来自 AwesomeMath 夏季课程	2019—05	58.00	963
113 个几何不等式:来自 AwesomeMath 夏季课程	2020—08	58.00	964
114 个指数和对数问题:来自 AwesomeMath 夏季课程	2019—09	48.00	965
115 个三角问题:来自 AwesomeMath 夏季课程	2019—09	58.00	966
116 个代数不等式:来自 AwesomeMath 全年课程	2019—04	58.00	967
117 个多项式问题:来自 AwesomeMath 夏季课程	2021—09	58.00	1409
118 个数学竞赛不等式	2022—08	78.00	1526
紫色彗星国际数学竞赛试题	2019—02	58.00	999
数学竞赛中的数学:为数学爱好者、父母、教师和教练准备的丰富资源.第一部	2020—04	58.00	1141
数学竞赛中的数学:为数学爱好者、父母、教师和教练准备的丰富资源.第二部	2020—07	48.00	1142
和与积	2020—10	38.00	1219
数论:概念和问题	2020—12	68.00	1257
初等数学问题研究	2021—03	48.00	1270
数学奥林匹克中的欧几里得几何	2021—10	68.00	1413
数学奥林匹克题解新编	2022—01	58.00	1430
图论入门	2022—09	58.00	1554
新的、更新的、最新的不等式	2023—07	58.00	1650
数学竞赛中奇妙的多项式	2024—01	78.00	1646
120 个奇妙的代数问题及 20 个奖励问题	2024—04	48.00	1647
澳大利亚中学数学竞赛试题及解答(初级卷)1978～1984	2019—02	28.00	1002
澳大利亚中学数学竞赛试题及解答(初级卷)1985～1991	2019—02	28.00	1003
澳大利亚中学数学竞赛试题及解答(初级卷)1992～1998	2019—02	28.00	1004
澳大利亚中学数学竞赛试题及解答(初级卷)1999～2005	2019—02	28.00	1005
澳大利亚中学数学竞赛试题及解答(中级卷)1978～1984	2019—03	28.00	1006
澳大利亚中学数学竞赛试题及解答(中级卷)1985～1991	2019—03	28.00	1007
澳大利亚中学数学竞赛试题及解答(中级卷)1992～1998	2019—03	28.00	1008
澳大利亚中学数学竞赛试题及解答(中级卷)1999～2005	2019—03	28.00	1009
澳大利亚中学数学竞赛试题及解答(高级卷)1978～1984	2019—05	28.00	1010
澳大利亚中学数学竞赛试题及解答(高级卷)1985～1991	2019—05	28.00	1011
澳大利亚中学数学竞赛试题及解答(高级卷)1992～1998	2019—05	28.00	1012
澳大利亚中学数学竞赛试题及解答(高级卷)1999～2005	2019—05	28.00	1013
天才中小学生智力测验题.第一卷	2019—03	38.00	1026
天才中小学生智力测验题.第二卷	2019—03	38.00	1027
天才中小学生智力测验题.第三卷	2019—03	38.00	1028
天才中小学生智力测验题.第四卷	2019—03	38.00	1029
天才中小学生智力测验题.第五卷	2019—03	38.00	1030
天才中小学生智力测验题.第六卷	2019—03	38.00	1031
天才中小学生智力测验题.第七卷	2019—03	38.00	1032
天才中小学生智力测验题.第八卷	2019—03	38.00	1033
天才中小学生智力测验题.第九卷	2019—03	38.00	1034
天才中小学生智力测验题.第十卷	2019—03	38.00	1035
天才中小学生智力测验题.第十一卷	2019—03	38.00	1036
天才中小学生智力测验题.第十二卷	2019—03	38.00	1037
天才中小学生智力测验题.第十三卷	2019—03	38.00	1038

刘培杰数学工作室
已出版(即将出版)图书目录——初等数学

书　名	出版时间	定　价	编号
重点大学自主招生数学备考全书:函数	2020—05	48.00	1047
重点大学自主招生数学备考全书:导数	2020—08	48.00	1048
重点大学自主招生数学备考全书:数列与不等式	2019—10	78.00	1049
重点大学自主招生数学备考全书:三角函数与平面向量	2020—08	68.00	1050
重点大学自主招生数学备考全书:平面解析几何	2020—07	58.00	1051
重点大学自主招生数学备考全书:立体几何与平面几何	2019—08	48.00	1052
重点大学自主招生数学备考全书:排列组合・概率统计・复数	2019—09	48.00	1053
重点大学自主招生数学备考全书:初等数论与组合数学	2019—08	48.00	1054
重点大学自主招生数学备考全书:重点大学自主招生真题.上	2019—04	68.00	1055
重点大学自主招生数学备考全书:重点大学自主招生真题.下	2019—04	58.00	1056
高中数学竞赛培训教程:平面几何问题的求解方法与策略.上	2018—05	68.00	906
高中数学竞赛培训教程:平面几何问题的求解方法与策略.下	2018—06	78.00	907
高中数学竞赛培训教程:整除与同余以及不定方程	2018—01	88.00	908
高中数学竞赛培训教程:组合计数与组合极值	2018—04	48.00	909
高中数学竞赛培训教程:初等代数	2019—04	78.00	1042
高中数学讲座:数学竞赛基础教程(第一册)	2019—06	48.00	1094
高中数学讲座:数学竞赛基础教程(第二册)	即将出版		1095
高中数学讲座:数学竞赛基础教程(第三册)	即将出版		1096
高中数学讲座:数学竞赛基础教程(第四册)	即将出版		1097
新编中学数学解题方法 1000 招丛书.实数(初中版)	2022—05	58.00	1291
新编中学数学解题方法 1000 招丛书.式(初中版)	2022—05	48.00	1292
新编中学数学解题方法 1000 招丛书.方程与不等式(初中版)	2021—04	58.00	1293
新编中学数学解题方法 1000 招丛书.函数(初中版)	2022—05	38.00	1294
新编中学数学解题方法 1000 招丛书.角(初中版)	2022—05	48.00	1295
新编中学数学解题方法 1000 招丛书.线段(初中版)	2022—05	48.00	1296
新编中学数学解题方法 1000 招丛书.三角形与多边形(初中版)	2021—04	48.00	1297
新编中学数学解题方法 1000 招丛书.圆(初中版)	2022—05	48.00	1298
新编中学数学解题方法 1000 招丛书.面积(初中版)	2021—07	28.00	1299
新编中学数学解题方法 1000 招丛书.逻辑推理(初中版)	2022—06	48.00	1300
高中数学题典精编.第一辑.函数	2022—01	58.00	1444
高中数学题典精编.第一辑.导数	2022—01	68.00	1445
高中数学题典精编.第一辑.三角函数・平面向量	2022—01	68.00	1446
高中数学题典精编.第一辑.数列	2022—01	58.00	1447
高中数学题典精编.第一辑.不等式・推理与证明	2022—01	58.00	1448
高中数学题典精编.第一辑.立体几何	2022—01	58.00	1449
高中数学题典精编.第一辑.平面解析几何	2022—01	68.00	1450
高中数学题典精编.第一辑.统计・概率・平面几何	2022—01	58.00	1451
高中数学题典精编.第一辑.初等数论・组合数学・数学文化・解题方法	2022—01	58.00	1452
历届全国初中数学竞赛试题分类解析.初等代数	2022—09	98.00	1555
历届全国初中数学竞赛试题分类解析.初等数论	2022—09	48.00	1556
历届全国初中数学竞赛试题分类解析.平面几何	2022—09	38.00	1557
历届全国初中数学竞赛试题分类解析.组合	2022—09	38.00	1558

刘培杰数学工作室
已出版(即将出版)图书目录——初等数学

书　　名	出版时间	定　价	编号
从三道高三数学模拟题的背景谈起:兼谈傅里叶三角级数	2023—03	48.00	1651
从一道日本东京大学的入学试题谈起:兼谈 π 的方方面面	即将出版		1652
从两道2021年福建高三数学测试题谈起:兼谈球面几何学与球面三角学	即将出版		1653
从一道湖南高考数学试题谈起:兼谈有界变差数列	2024—01	48.00	1654
从一道高校自主招生试题谈起:兼谈詹森函数方程	即将出版		1655
从一道上海高考数学试题谈起:兼谈有界变差函数	即将出版		1656
从一道北京大学金秋营数学试题的解法谈起:兼谈伽罗瓦理论	即将出版		1657
从一道北京高考数学试题的解法谈起:兼谈毕克定理	即将出版		1658
从一道北京大学金秋营数学试题的解法谈起:兼谈帕塞瓦尔恒等式	即将出版		1659
从一道高三数学模拟测试题的背景谈起:兼谈等周问题与等周不等式	即将出版		1660
从一道2020年全国高考数学试题的解法谈起:兼谈斐波那契数列和纳卡穆拉定理及奥斯图达定理	即将出版		1661
从一道高考数学附加题谈起:兼谈广义斐波那契数列	即将出版		1662

代数学教程.第一卷,集合论	2023—08	58.00	1664
代数学教程.第二卷,抽象代数基础	2023—08	68.00	1665
代数学教程.第三卷,数论原理	2023—08	58.00	1666
代数学教程.第四卷,代数方程式论	2023—08	48.00	1667
代数学教程.第五卷,多项式理论	2023—08	58.00	1668

联系地址:哈尔滨市南岗区复华四道街10号　哈尔滨工业大学出版社刘培杰数学工作室
邮　　编:150006
联系电话:0451—86281378　　13904613167
E-mail:lpj1378@163.com